2019-2020

고범석의 고득점 경제학

은행권 필기 핵심이론
기출 및 예상문제집

고범석경제학아카데미

IBK기업은행 | 신한은행 | 국민은행 | 우리은행 | NH농협은행 | 하나은행 | 새마을금고 | SH수협은행

은행권취업
최신기출로
12시간완성

| 경제 및 금융상식
| 2018-19 기출문제 완벽수록
| 단답형 예상 연습문제
| 최신 시사 이슈정리

동영상 강의 WWW.KOECONOMICS.COM 고범석경제학아카데미 공기업취업 경제학 커뮤니티

도서출판 오스틴북스

은행권기업 취업을 위한

경제일반 | 금융상식

고범석 고득점 경제학으로 1주 만에 준비할 수 있습니다.

2018년도부터 다시 부활한 은행권 입사 필기시험 경제일반 및 금융상식

은행권 경제 및 금융상식 객관식 및 단답형(약술형) 필기시험은 문제은행식으로 출제됩니다. 2018년도 상-하반기 2019년도 상반기 기출문제까지 완벽하게 수록한 본교재는 문제은행식 필기시험을 완벽히 대비할 수 있습니다.

공기업 경제학 베스트셀러 저자의 교재

본 교재의 저자인 고범석 선생은 공기업 경제학 취업분야의 경제학과목에서 15년간 강의하면서 수집한 방대한 문제들과 금융권공기업 강의 노하우로 쌓여진 출제예상문제들을 분석하여 짧은 기간 준비하는 취업준비시간의 효과를 극대화하기 위한 문제들을 정리하였습니다.

공기업 및 은행권 입사 경쟁률 100:1

공기업이나 은행권 취업은 어려운 경제상황과 경기침체로 인한 고용불안정 속에서 가장 인기 있는 취업분야로 손꼽히고 있습니다. 그러다보니 입사지원자는 기하급수적으로 늘어나고 NCS만으로 채용하기에는 신입사원의 역량을 평가하기에 역부족이었습니다. 그래서 2018년도부터 직무기초능력이 아닌 직무역량평가로서 전공필기과목이 다시 부활하거나 점수배점을 높여가고 있는 실정입니다.

고범석

이력

- 고려대 경제학과 및 대학원 졸업
- 전) 매일경제신문사 매경테스트 강사
- 전) 공기업승진시험 출제위원
- 현) 고범석경제학아카데미 대표강사
- 현) 이화여대 강의
- 현) 공기업 경제학 베스트 셀러 강의

지 은 이	고범석
발 행 일	2판 1쇄 발행 2019년 10월 10일
발 행 처	오스틴북스
발 행 인	김은영
인 쇄	길훈인쇄
기 획	양범석
편 집 디 자 인	오스틴북스
주 소	경기도 고양시 일산동구 백석동 1351
도 서 관 련 문 의	070-4123-5716(도서관련문의)
팩 스	031-902-5716
I S B N	979-11-88426-16-4
도 서 정 가	15,000 원
동 영 상 강 의	www.koeconomics.com - 고범석경제학아카데미
동영상관련문의	02-540-8440

머리말

탁월함은 훈련과 습관이 만들어낸 작품이다. 탁월한 사람이라서 올바르게 행동하는 것이 아니라, 올바르게 행동하기 때문에 탁월한 사람이 되는 것이다. 자신의 모습은 습관이 만든다.

- 아리스토텔레스 -

우리 인생은 언제나 흥미진진하다. 오늘의 나보다 내일의 나는 더욱 성장한 모습의 내가 될 것이기에 더욱 흥미진진하다. 그러나 그 흥미진진함은 오늘의 훈련과 습관이 병행될 때, 참 빛을 발할 수 있을 것이다.

현대에 들어와서 경제 및 금융지식은 매우 중요한 것이 되었다.

특히 은행권에 입사하기 위한 취업준비생들에게는 더욱 중요할 것이다.

전공자의 입장에서 비전공자들이 어떻게 하면 쉽게 경제 및 금융지식에 접근할 수 있을지 고민하면서 가장 효율적인 내용으로 교재를 구성하였다.

한동안 은행권 입사시험이 인적성위주로 진행되다가 2018년 이후 다시금 이전과 동일한 필기시험이 도입되면서 '은행권 기출문제집'이라는 이름으로 2판을 출간하게 되었다.

본 교재는 경제 전반적인 지식을 단 시간 동안 정리하기에 유용하도록 구성하였다.
교재 순서대로 차근차근 오늘의 훈련과 습관으로 함께한다면 원하는 목표에 가 닿으리라고 믿는다.
우리의 성공은 우리의 합격을 향한 욕망과 신념, 자기암시와 상상력, 그리고 마지막 최후의 한 순간까지도 포기하지 않는 끈기와 열정의 총합체일 것이다.
'은행권 기출문제집'은 당신의 '막판 뒤집기 한 판'에 가장 성실하고 충직한 길잡이로 함께할 것을 확신한다.

편저자 고 범 석

목 차

PART 01. 경제이론 및 경제용어

PART 02. 은행권 최신 기출문제

PART 03. 예상적중문제

PART 04. 경제 및 금융 시사이슈

◆ 신한은행

- 신한은행 채용절차

- 필기시험

분야	시험과목	
	NCS직업기초능력 평가	직무수행능력평가
기업/WM	의사소통능력, 수리능력, 문제해결능력	경제일반, 경영일반, 금융상식

- **원서접수**

접수 방법	당행 채용사이트에서 온라인등록(https://shinhan.recruiter.co.kr)

- **전형절차**

원서접수 → 서류전형 합격자 발표 → 필기시험 → 필기시험 합격자 발표 → 직무적합도 면접 → 직무적합도 합격자 발표 → 채용검진 → 최종면접 → 최종 합격자 발표

◆ 기업은행

• 채용분야 및 인원

<table>
<tr><th colspan="4">모 집 분 야</th><th>인 원</th><th>활 용 분 야</th><th>직무설명서</th></tr>
<tr><td rowspan="6">금융영업</td><td colspan="3">일 반</td><td>100명</td><td rowspan="6">(기업금융)
기업심사, IB, 국제무역, 기술금융 등

(개인금융)
가계여신, PB/WM, 개인상품개발 등</td><td rowspan="6">금융영업</td></tr>
<tr><td rowspan="5">지역할당*</td><td rowspan="4">①지역인재(65명)</td><td>부산·울산·경남</td><td>25명</td></tr>
<tr><td>대구·경북</td><td>17명</td></tr>
<tr><td>대전·충청</td><td>13명</td></tr>
<tr><td>광주·호남</td><td>10명</td></tr>
<tr><td colspan="2">② 경기권핵심점포</td><td>20명</td></tr>
<tr><td colspan="4">디지털**</td><td>35명</td><td>- IT 및 핀테크, AI(인공지능), 빅데이터, 사물인터넷(IoT), 블록체인, 코딩, 데이터마이닝 등</td><td>디지털</td></tr>
<tr><td colspan="4">합계</td><td>220명</td><td></td><td></td></tr>
</table>

* 금융영업 분야의 일부는 지역할당을 적용하여 선발하며, 입행 후 해당 지역에서 5년이상 근무

① 지역인재는 졸업(예정)·재학·휴학 중인 자의 최종학교(석사 이상은 대학교(학사) 기준) 소재지가 부산·울산·경남, 대구·경북, 대전·충청, 광주·호남지역인 지역전무가로 구분하고,

② 경기권핵심점포는 별도 최종학교의 소재지 구분은 없으며, 경기권(안산시, 시흥시, 평택시, 화성시 등) 우선 배치 인력을 의미

** 디지털 분야 채용인원은 영업점 근무 후 IT 또는 디지털 유관부서 등 배치

• 우대사항

• 아래 해당 되는 경우, 서류합격자 발표 직후 해당 증빙서류 제출

* 장애인증명서, 취업지원대상자증명서는[정부24(www.gov.kr)]온라인발급분만 제출(제출처: IBK기업은행)

** 우대자격증은 해당기관의 날인이 포함된 합격증 제출
일부자격증(CFA(Lebel3), FRM(Part2)등)은 시험합격통지서 사본(이메일출력) 제출가능

구분		우대사항 / 우대자격	우대전형	우대가점 (중복시 최대15% 점)
우수면접자		• [2019년 금융권 공동채용박람회(8.27~28일)] 현장(화상)면접 우수면접자	• 서류심사	서류심사 면제
IBK청년인턴 및 공모전 수상자 주1)		• 당행 청년인턴 중 우수인턴 • 당행 주관 공모전 수상자	• 필기시험	만점의 10%
장애인, 국가보훈 대상자		• 관련 법률에 의거 우대 - "장애인 고용촉진 및 직업재활법" 및 "국가유공자 등 예우 및 지원에 관한 법률"	• 필기시험 • 실기시험 • 면접시험	(장애인) 만점의 15% (보 훈) 만점의 5% 또는 10%
자격증 소지자 주2)	금융	• CFA, CFP, FRM(GARP), CDCS, 관세사, 공인회계사, AICPA, 변호사, 세무사, 보험계리사, 감정평가사, 공인노무사	• 필기시험 • 실기시험 • 면접시험	만점의 10%
	디지털	• ADP, CISA, CISSP, SQLP		만점의 10%

주1) IBK청년인턴 수료 후 선정된 우수인턴(18년 동계인턴 이전)및 당행 주관 공모전 수상자에게 부여된 기존의 서류심사 면제는 필기시험 가점으로 대체

주2) 자격취득 시험이 구분된 자격증은 최종시험을 합격한 경우 유효함(실무경력 불요)

• **전형절차**

*합격인원: 총 지원자 中 약 13,000명 이내 예정

• **서류심사**

- 평가내용: 입사지원서 내용이 불성실하고 불량한 경우(회사명 오류, 표절, 무관 · 반복 · 부족한 답변 등) 또는 직무역량 및 취업준비 노력(직무관련 기재사항 등) 등을 종합심사하여 필기시험 응시 기회 제공

* 합격자발표 당일에 필기시험 관련 본인확인용 수험자 정보 입력 및 사전안내가 있을 예정이니 해당일 필히 확인하시기 바라며, 미확인 시 필기시험 응시가 제한될 수 있습니다.

• **필기시험**

* 합격인원: 모집분야별 채용 예정인원의 약5.5배수 내외

구 분	평 가 내 용	시 간
객관식 (총100문항)	① 직업기초능력 6개 영역(60문항) • 의사소통능력, 수리능력, 문제해결능력, 자원관리능력, 정보능력, 조직이해능력 ② 직무수행능력 영역(40문항) • 지원 분야별로 금융영업(경제 · 금융/일반사회 등), 디지털(디지털분야 기초지식 및 동향 등) 문제를 구분하여 해당 분야의 직무역량 평가	10:00~12:00

• **실기시험**

- 평가내용: 다수의 프로그램을 통해 금융인으로서의 친화력, 협동성, 창의력, 협상력, 영업력(상담능력), 논리력 등에 대해 합숙(1박2일)으로 대면평가(프로그램별 배점 동일)

• **면접시험**

- 평가내용: 입행의지, 가치관, 인성, IBK관심도, 조직적합성 등을 종합평가

◆ 국민은행

• 국민은행 채용절차

공고 및 지원서 접수 → 서류전형 + 온라인 면접 → 필기전형 →

1차 면접전형(PT/토론/인성검사) → 2차 면접전형(인성면접) → 최종합격자 발표 건강검진

구분	내용		
서류전형 및 온라인 면접	• 개인별 지원서 및 자기소개서 작성 • 금융기관 직원으로서 반드시 갖춰야 할 성실성, 정직성 등을 기반으로 평가하며, 입사지원서 불성실 기재(회사명 오류기재, 내용부족, 반복답변 등) 및 기재사항이 사실과 다른 경우에는 불이익을 받을 수 있습니다. • 온라인 면접 • 온라인 면접 결과는 향후 면접 및 인성검사 등을 통하여 검증되니, 반드시 솔직하게 응시하시기 바랍니다. • 평가 마감시간에 응시가 집중되어 접속이 어려울 수 있으니 미리 접속하여 평가를 완료하시기 바랍니다. 마감시간 이후에는 접속 및 응시가 불가능합니다.		
필기전형	• NCS기반 객관식 필기시험: 총 100문항(100분 운영)		
	구분	배점	출제범위
	UB	60	• 직업기초능력 60문항 • 의사소통능력, 문제해결능력, 수리능력
		40	• 상식 40문항 • 경제/금융/일반 상식
	ICT	60	• 직업기초능력 60문항 • 의사소통능력, 문제해결능력, 수리능력
		40	• 상식 40문항 • IT(코딩포함)/정보통신/일반상식
	전문자격	-	미실시
1차 면접전형	• PT면접 및 토론면접 • 전문자격 부문: 면접분야 별도 운영 • 인성검사		
2차 면접전형	• 인성면접		
건강검진	• 최종합격자에 한하여, 신입행원 집합연수 전 개인별 건강검진 실시		

* 상기 일정은 당행 사정에 따라 변경될 수 있으며, 합격자 발표 등 채용 관련 진행사항 및 향후 일정은 당행 채용 홈페이지를 통하여 안내될 예정입니다.

◆ 농협은행

• 채용분야 및 인원

채용분야	채용직급	인원	비고
일반(신용)	6급 초급(일반직)	지역별00명(또는 0명) / (장애인 00명 포함)	지역단위 채용

주)1. 지역단위: 경기, 서울, 인천, 강원, 제주, 충북, 충남(대전, 세종포함), 전북, 전남(광주포함), 경북(대구포함), 경남, 부산, 울산

2. 농협은행 일반직 채용수준: 7급, 6급 초급, 6급 중견, 5급으로 구분

3. 채용수준별 초임호봉: 7급(5호봉) → 6급 초급(7호봉) → 6급 중견(9호봉) → 5급(11호봉)
   - 당행 인사관련 규정상 직급 체계는 7급 → 6급 → 5급 → 4급 → 3급 → M급 으로 구성
   - 6급 초급 → 5급(승진 소요기간: 4년)

4. 채용 직급은 합격자의 최종 학력+경력 등에 상관없이 채용수준에 따라 결정

• 지원자격

구분	일반분야
기본 자격	• 연령, 학력, 전공, 학점,. 어학점수 제한 없음

• 채용절차

1차전형		2차전형(필기)		3차전형(면접)
• 입사지원서 작성 • 자기소개서 작성 • 온라인 인적성(Lv1)평가	→	• 인적성(Lv2)평가 • 직무능력평가	→	• 집단면접 • RP(Role Play)면접

• 정기채용

인력 수급 계획에 의거 필요 시 채용공고를 통해 진행하고 있습니다.

• 수시채용

농협중앙회, 지역농·축협, 계열사 등의 수시 채용 정보를 수시채용 사이트를 통해 제공하고 있습니다.

◆ 하나은행

KEB하나은행 2019년 하반기 신입행원 채용 공고

1. 지원자격

- 2020년 2월 대학(원)졸업 예정자를 포함한 학(석)사 학위 소지자
- 해외 여행에 결격 사유가 없는 자(남성의 경우 병역을 마쳤거나 면제된 자)
- 당행 내규상 채용에 결격사유가 없는 자

2. 채용부문

- 4개 분야 총 000명 - 글로벌 / 디지털 / 자금, 신탁 / 기업금융,IB
- 입행 시 영업점 근무 원칙, 향후 CDP와 공모를 통한 전문분야 배치

분야	분야별 지원자격
글로벌	• KEB하나은행을 세계적 수준의 글로벌 은행으로 만들기 위한 해외네트워크 현지화에 부합하는 진취적 마인드를 소유한 인재 • 주요업무: 해외 M&A추진, 글로벌 전략수립, 마케팅 추진 및 현지 경영지원 • 중국어(신HSK 5급 이상), 일본어(JPT 640점 이상), 스페인어(DELE B1 이상 or FLEX 650점 이상), 러시아어(TORFL 기본단계 or FLEX 650점 이상), 프랑스어(DELF B1 이상 or FLEX 650점 이상), 독일어(괴테어학검정시험 GZ B1 이상 or FLEX 650점 이상), 베트남어(FLEX 650점 이상), 인도네시아어(FLEX 650점 이상) 어학성적 보유자 • 또는 8개국(중국, 일본, 스페인, 러시아, 프랑스, 독일,베트남, 인도네시아) 국적 보유자 中 한국어능력시험(TOPIK) 6급 보유자 • FLEX 성적은 듣·읽기 시험만 인정 • 글로벌 지원자가 공인 영어성적(TOEIC, TOEFL iBT) 추가 제출시 당행 기준에 따라 우대함 • 상기 8개 언어권 국가 소재 대학 졸업자(졸업 예정자 포함)는 어학성적 제출 불요 • 전공제한 없음
디지털 (미래금융)	• 선도적인 디지털 전환을 통해 KEB하나은행을 데이터기반 정보회사로 만들어나갈 인재 • 주요업무: 디지털 신사업 및 미래채널 기획/추진, 핀테크 A.I 기반 영업전략 수립 및 운영 • 한국교육개발원 및 교육부에서 작성한 "2018 학과(전공) 분류 자료집(SM2018-05)" - http://www.kedi.re.kr - "대분류 공학계열/자연계열" 전공자만 지원가능
자금/신탁	• 전문적인 자금운용 및 신탁영업/관리를 통한 은행 고수익창출에 기여할 수 있는 인재 • 주요업무: 주식, 채권, 파생상품 Trading, 투자신탁 자산관리 등 • 한국교육개발원 및 교육부에서 작성한 "2018 학과(전공) 분류 자료집(SM2018-05)" - http://www.kedi.re.kr - "대분류 공학계열/자연계열" 전공자만 지원가능
기업금융/IB	• 기업/개인사업자를 대상으로 영업점의 기업금융을 선도하고 프로젝트금융 부동산금융을 비롯한 다양한 IB사업을 이끌어 나갈 인재 • 주요업무: 기업여신, 외환, 수출입, M&A, PF등 기업 손님 관련 전반적인 업무 • 한국교육개발원 및 교육부에서 작성한 "2018 학과(전공) 분류 자료집(SM2018-05)" - http://www.kedi.re.kr - "대분류 공학계열/자연계열 및 중분류 경영/경제" 전공자만 지원가능
상기 전분야 공통사항	• TOEIC 또는 TOEFL iBT 성적 제출 필수 단, TOEIC, TOEFL iBT 성적이 없는 경우 TOEIC Speaking, OPIC 성적 제출 가능, 글로벌분야 지원자는 영어성적 필수 제출 아님 • 디지털, 자금/신탁, 기업금융/IB 분야 지원자中 영어권 및 글로벌분야 모집 8개국 언어권 국가 소재 대학 졸업자(졸업 예정자 포함)는 어학성적 제출 불요. • 모든 지원 분야의 어학성적은 서류제출 마감일 기준 유효기한이 남아 있는 성적만 인정함 • 복수(이중)전공자는 해당 전공에 대한 학사학위 보유 시 모두 주전공으로 인정하여 지원가능함

3. 우대사항

분야	우대방법
공통	변호사, 공인회계사, 세무사, 감정평가사, 변리사, 보험계리사 합격자 및 자격증 소지자
	당행(그룹) 대외활동: 인턴, 와삭바삭 글로벌원정대, 윙고홍보대사, 하나멤버스 홍보대사, 하나금융 스마트 홍보대사, 마케팅크루 수료자中 주관부서에서 채용우대 대상으로 지정한 지원자는 대외활동시 사전 공지된 우대방안에 따라 우대함
	[2019 금융권 공동채용 박람회] 현장면접 우수자는 서류전형 면제 (분야별 지원 자격과 무관하게 전 분야 지원가능)
	'국가유공자 등 예우 및 지원에 관한 법률'에 의한 취업보호 대상자 및 '장애인고용촉진 및 직업재활법'에 의한 대상자
글로벌	TOEIC, TOEFL iBT 성적 우수자
디지털	정보보안기사, 정보처리기사, ADP, DAP, SQLP, CISA, CISSP 합격자 및 자격증 소지자
자금/신탁& 기업금융/IB	CPA, AICPA, FRM(GARP), CRA, CFA LV2 이상 합격자 및 자격증 소지자

4. 지원방법

- 온라인 입사지원서 제출(http://www.kebhana.com > 은행소개 > 인재/채용 > 채용공고)
  (http://oras.jobkorea.co.kr/kebhanabank)
- 지원기간: 2019년 9월 9일(월) ~ 2019년 9월 23일(월) 18시

※ 마감일에는 접속량 증가로 지원서 제출에 어려움이 예상되오니 반드시 미리 제출하여 주시기 바랍니다.

5. 전형절차 및 일정

구분	내용	
서류전형	개인별 지원서 접수(분야별 지원자격 유의)	
필기전형 집합평가 120분 + 개인별 온라인 인성	디지털 분야	NCS기반 객관식 + TOPCIT기반 비즈니스 & 기술영역 객관식 + 개인별 온라인 인성검사
	디지털 外 분야	NCS기반 객관식 + TOPCIT기반 비즈니스영역 객관식 + 개인별 온라인 인성검사
1차 면접	행동사례면접/PT면접/ 협상면접/세일즈면접	
2차 면접	인성중심 임원면접	
건강검진 / 집합연수	개인별 건강검진 ▶ 신입행원 연수실시 (신입행원 연수中 필수 학사일정 배려가능)	

※ TOPCIT 기반 평가준비는 반드시 http://www.topcit.or.kr 홈페이지內 학습자료를 참고해주시기 바랍니다.

※ 상기 일정은 당행 사정에 따라 변경될 수 있습니다.

◆ 새마을금고 채용절차

1. 채용분야

구분	직무	인원	응시 자격
일반직 (신입)	일반	00명	아래의 요건을 모두 갖추어야 함 - 병역필 또는 면제자로 해외여행 결격사유가 없는 분 - 본회 인사관리규정 상 결격사유가 없는 분 - 2020년 2월 졸업예정자도 지원 가능하나, 2019년 11월부터 합숙 교육 및 주간 종일 근무가 능하여야 함 - 아래의 공인어학성적을 보유한 분 - 전산 직무 지원자는 '전'
	전산	00명	

- 인사관리규정 상 결격사유는 홈페이지 입사지원 화면의「자주하는 질문」참조

2017. 8. 26 이후 부터 이 공고 개시 전일(2019. 8. 25) 까지 취득한 아래 성적을 한 개 이상 보유한 자 - TOEIC 700점 이상 / TOEFL IBT 79점 이상 / TEPS('18.5.12전 시험) 557점 이상, NEW TEPS('18.5.12이후 시험) 301점 이상 / 토익 스피킹 Lv 6 이상 / OPIC IM2 이상 / TOSEL 640점 이상

- 자격증 보유자 우대사항

① 상기 어학성적과 관계없이 지원가능

② 직무역량검사 면제

③ 자격증 보유시 서류전형 가점, 1년 이상 타기관 근무경력시 추가 가점 부여

※ 우대자격증

변호사, 공인회계사, 여신심사역, 신용위험분석사(CRA), CFA lv3, 감정평가사, 공인노무사, 보험계리사, 세무사

2. 전형절차

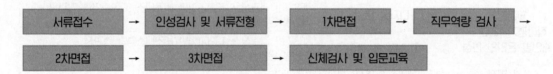

서류접수 → 인성검사 및 서류전형 → 1차면접 → 직무역량 검사 →

2차면접 → 3차면접 → 신체검사 및 입문교육

3. 서류접수

- 서류접수방법: 본회 홈페이지 온라인접수(우편 등 오프라인 개별접수 불가)

서류전형 우대 가점 자격증(우대 자격증 소지자도 서류전형에서 탈락할 수 있음) - 일반: 변호사, 공인회계사, 여신심사역, 신용위험분석사(CRA), CFA lv3, 감정평가사, 공인노무사, 보험계리사, 세무사 - 전산: SQLP, DAP, CCNP, MCSD, CISA, CISSP, 정보보안기사

4. 인성검사

- 인성검사 미응시자에 대하여는 제출서류 심사 기회가 주어지지 않음
- 지원서 정상접수자 전원을 대상으로 온라인 인성검사 실시
- 인성검사 실시시간: 2019.9.06(금) 14:00 ~ 9.09(월) 14:00한
- 응시방법: 개인별 안내(문자, 이메일)에 따라 온라인 응시
- 서류전형 및 인성검사 합격자 발표: 2019.9.26(목) 17:00 예정

◆ SH수협은행

• 지원자격

구분	내용
기본사항	• 공통 - 학력, 연령 등에 제한 없으나, 현재 학교에 재학 중인 경우 2019년 2월 졸업예정자이고, 연수 참여 및 정상근무가 가능한 사람 - 병역필 또는 면제자로 해외여행에 결격사유가 없는 사람 • (IT/범보보호 분야) IT분야 전공자에 한정하여 지원 가능 • (지역인재) 다음의 조건 중 하나 이상 충족하는 사람에 한해 지원 가능 - 해당지역 소재 고등학교 졸업자 - 해당지역 대학 졸업(예정)자 - 채용 공고일 기준 역산하여 주민등록상 거주지가 해당 지역에 속하면서 해당 지역 3년 이상 거주자
우대사항	• 국가유공자 등 예우 및 지원에 관한 법률에 따른 취업보호대상자(취업지원대상자증명서 발급 가능자에 한정함) • 장애인 고용촉진 및 직업 재활법에 따른 장애인 • 금융기관 근무 경력자: 제1금융권에서 정규직 근무자로 한정 • 당행봉사활동 경력자: 대학생 홍보대사, 대학생 어촌봉사단

• 채용절차

채용 공고 → 지원서 접수 → 서류 전형 → 필기 고시 → 1차 면접 →

인성검사 → 2차 면접 → 최종 합격 → 연수 → 임용

◆ 우리은행

1. 전형절차 및 일정

채용공고/지원서접수 → 서류전형 → 필기전형 → 1차면접 → 2차면접/인성검사 → 최종발표

※ 최종 합격자 발표 후 실시되는 건강검진 결과가 업무수행에 지장을 줄 수 있는 병증을 보유한 것으로 판단될 경우 합격 및 채용이 취소됨

- 서류전형 합격자 발표 예정일: 2019.10.16.(수)
- 필기전형 예정일: 2019.10.19.(토)
- 1차면접 예정일: 2019.10.28.(월) ~ 11.6(수)
- 2차면접 예정일: 2019.11.18.(월) ~ 11.22(금)
- 전형 단계별 합격자 발표는 우리은행 홈페이지(www.wooribank.com)에서 실시

- **제출서류**

- 제출서류는 1차면접 합격자에 한해2차면접 참석 시 제출 예정
- 발급 소요기간을 충분히 고려하여 사전에 준비 요망(자격증 사본, 해외학교 관련 증빙서류(아포스티유 포함) 등)
- 모든 서류(최근 3개월 이내 발급분)는 주민등록번호 뒷자리 미표기로 발급(혹은 삭제) 제출
- 원본 제출 서류들은 사본 또는 팩스본 인정불가하오니 반드시 원본으로 서류를 준비하여 제출

구 분		제출서류
공통서류		· 최종학교 졸업(예정)증명서 원본(석 · 박사학위 이상 소지자는 학부 포함) · 최종학교 성적증명서 원본(석 · 박사학위 이상 소지자는 학부 포함) · 주민등록초본 원본 (성별 무관 필수 제출서류, 병역사항 이행자의 경우 병역내역 포함혀여 발급) · 기본증명서 원본 · 반명함판(3x4) 사진 1매
해당자 제출서류	국가보훈 대상	· 취업지원대상자 증명서 원본
	장애인	· 장애인증명서 원본 / 장애인복지카드 사본 / 상이등급이 기재된 국가유공자증명서 원본 (상기 서류 中택 1)
	지역인재	· 해당 지역 고등학교 졸업자격으로 지원한 경우 해당 졸업증명서 원본(경기남부 지역 제외)
	봉사활동	· 봉사활동 확인서 사본(1365 또는 VMS등록분만 인정)
	자격증	· 자격증 사본
	외국어	· 공인어학 성적증명서 사본(유효기간 內)
	군복무 중	· 전역예정증명서 원본
	외국인	· 출입국사실증명서 원본 · 여권 사본(VISA 포함) · 외국인등록증 사본 / 국내거소신고증 사본 / 영주증 사본 (현재 체류사유에 해당되는 신분증 中택 1)
	석 · 박사	· 학위수여(예정)증명서 원본
	편입	· 편입 前 성적증명서 원본
	해외학교 졸업	· 해당 학교가 위치한 국가의 아포스티유를 받은 졸업(예정)증명서 및 성적증명서 원본

- **필수 체크사항**

- 청탁 등 부정행위로 인해 합격된 사실이 확인될 경우 당해 합격 및 채용이 취소됨은 물론 향후 5년간 응시가 제한됩니다.
- 지원서 기재사항이 사실과 다를 경우 합격 및 채용 취소 등 불이익을 받을 수 있습니다.
- 지원서 작성 내용에 대하여는 추후 증빙서류 제출 요구 및 관계 기관에 사실 여부를 확인할 수 있고, 위조 또는 허위 기재 사실이 있는 경우 합격 및 채용이 취소됩니다.
- 지원서 작성 시 첨부서류 미제출, 누락, 오류제출, 허위제출 등의 경우 합격 및 채용이 취소됩니다.
- 2차면접 서류제출 시 증빙서류 미제출, 누락, 오류제출, 허위제출 등의 경우 합격 및 채용이 취소됩니다.
- 졸업예정자(2020년 2월 졸업)는 반드시 해당기간 내에 졸업해야 학위가 인정되며, 졸업을 하지 못할 경우 합격 및 채용이 취소됩니다.
- 예정된 신입행원 연수일정(12월 예정)에 불참 시 합격 및 채용이 취소됩니다.
- 외국인의 경우 VISA 취득 등 한국 내 취업에 결격사유가 있을 시 합격 및 채용이 취소됩니다.
- 최종 합격자 발표 후 실시되는 건강검진 결과가 업무수행에 지장을 줄 위험이 있는 병증을 보유한 것으로 판단될 경우 합격 및 채용이 취소됩니다.
- 최종합격 후 신입행원 연수 및 수습기간에 연수/근무평가가 불량하거나 업무능력이 현저히 부족하다고 판단될 경우 합격 및 채용이 취소됩니다.
- 우리은행의 사정에 따라 전형절차와 일정 등은 변경될 수 있습니다.
- 기 제출한 서류는 최종합격자 발표 후 불합격자 및 연수 미참가자에 한하여 14일 이내에 반환 청구 가능합니다.
- 문의사항: 우리은행 채용사이트(http://wooribank-talent.incruit.com)→"질문하기"

PART 01 경제이론, 경제용어

| 경제이론과 경제용어정리로 기본점수를 확보 한다.

1

경제이론 및 경제용어

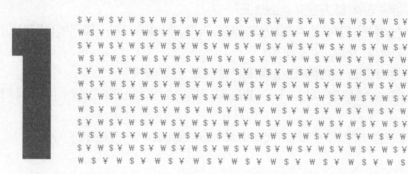

경제이론과 경제용어는 경제일반 필기시험에서 가장 근간이 되는 파트이다. 특히 경제용어는 상식수준에서 아는 단어일지라도 그 용어의 정확한 이해를 하고 있지 않으면 시험장에서 당황하게 만드는 상황이 발생한다. 분명히 아는 용어인데 정의를 내리자면 혼동되는 용어들이 많다. 쉬운 경제용어 경제이론일지라도 다시 한번 정확하게 용어와 이론의 정의를 확인하고 시험에 임해야 합니다.

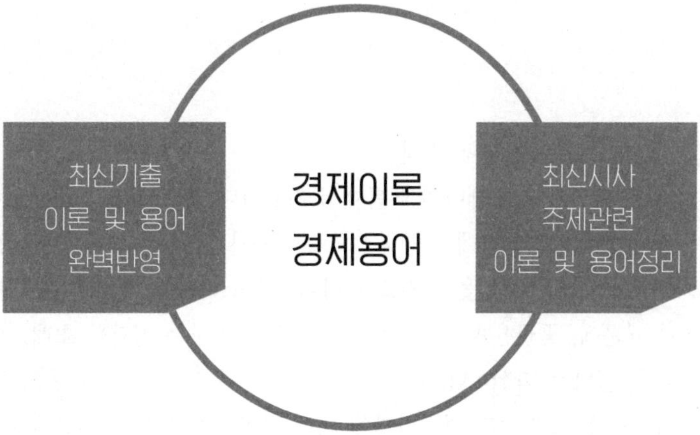

출제포인트 | 객관식경제학문제의 특징

❶ 최근 이슈가 되고 있는 경제이론과 경제용어는 출제가능성이 높다.

❷ 객관식 출제문제 중 기본점수에 해당하는 문제는 기본용어문제이다.

❸ 쉬운 경제용어도 몇 개의 특징과 정의를 다시 확인해야 한다.

제1장 경제이론

1) 산업예비군

실업자 및 반실업자를 포함하는 이른바 상대적 과잉인구. 자본주의가 발달하여 자본의 유기적 구성이 고도화함에 따라 노동을 절약하는 자본 집약적인 생산방법이 널리 채용되어 노동력이 실업으로 나타나는 것을 말한다. 마르크스는 이것을 자본주의 발전에 따르는 필연적 산물이라고 하였다.

2) 아담스미스의 보이지 않는 손

인간들의 동기가 자연적 균형을 이룬다고 믿었기 때문에, 개개인이 자신의 이익을 추구할 때에 각자는 '보이지 않는 손' 에 인도되어 자신이 전혀 의도하지 않았던 목적으로 증진된다는 주장.

3) 세이의 법칙

① 공급이 수요를 창출해낸다는 경제학 법칙

② 제창자인 프랑스의 경제학자 J.B.세이의 이름에서 기원한다. 판로설(la theorie des de bouches)이라고도 하며, 고전학파의 경제학에서 공통점으로 전제가 되어 온 견해이다. 즉, 생산은 이에 참가한 생산요소에 대해서 같은 소득을 가져오게 하며, 또 소비나 기타 다른 방도를 통하여 그 생산물의 수요가 되기 때문에, 공급은 바로 그것에 대한 수요를 낳는 결과를 초래, 경제전반에 걸쳐서 과잉생산은 있을 수 없다는 학설이다.

이 같은 명제는 D.리카도 등 고전학파 경제학자에 의해 받아들여졌지만, 후일 K.마르크스와 J.M.케인스로부터는 투자는 반드시 저축과 일치하지는 않는다는 등 비판을 받았다.

4) 베블렌 효과

① 과시욕구 때문에 재화의 가격이 비쌀수록 수요가 늘어나는 수요증대 효과

② 미국의 사회학자인 베블렌(Veblen)은 저서 '유한계급(Leisure class)론'에서 유한계급에 속하는 사람에게는 값비싼 물건을 남들이 볼 수 있도록 과시적으로 소비하는 것이 사회적 지위를 유지하는 수단이 된다고 주장.

5) 의존효과

① 소비재에 대한 소비자의 수요가 소비자 자신의 자주적 욕망에 의존하는 것이 아니라 생산자의 광고・선전 등에 의존하여 이루어진다는 현상을 지칭
② 전통적 소비자주권과 대립되는 개념. J.M.갤브레이스가 그의 저서《풍요한 사회 The Affluent Society》(1985)에서 현대사회의 '의존효과' 강조

6) 한계효용

① 소비자가 재화를 소비할 때 거기서 얻어지는 주관적인 욕망충족의 정도를 '효용'
② 재화의 소비량을 변화시키고 있을 경우 추가 1단위, 즉 한계단위의 재화의 효용을 '한계효용'

7) 한계효용체감의 법칙

일반적으로 어떤 재화의 소비량이 증가함에 따라 필요도는 점차 작아지므로, 한계효용은 감소해가는 경향을 보임.

8) 한계효용균등의 법칙

한계효용체감 하에서 몇 종류의 재화를 소비할 경우, 만약 각각의 재화의 한계효용이 같지 않다면, 한계효용이 낮은 재화의 소비를 그만두고 한계효용이 보다 높은 재화로 소비를 바꿈으로써 똑같은 수량의 재화에서 얻어지는 효용 전체는 더 커지게 된다는 논리

9) 파레토의 법칙(Pareto's law)

① 파레토 법칙(Pareto principle, 80-20 rule, the law of the vital few, principle of factor sparsity)
② '전체 결과의 80%가 전체 원인의 20%에서 일어나는 현상'. 일명 '2 대 8 법칙'

10) 롱테일 법칙

롱테일 법칙이란, 80%의 비핵심 다수가 20%의 핵심 소수보다 더 뛰어난 가치를 창출한다는 이론 2004년 10월 미국의 인터넷 비즈니스 관련 잡지 와이어드(Wired)의 편집장 크리스 앤더슨(Chris Anderson)이 처음 사용 앤더슨의 주장에 따르면 많이 판매되는 상품 순으로 그래프를 그리면 적게 팔리는 상품들은 선의 높이는 낮지만 긴 꼬리(Long Tail)처럼 길게 이어진다. 이 긴 꼬리에 해당하는 상품을 모두 합치면 많이 팔리는 상품들을 넘어선다는 뜻에서 롱테일 법칙이라고 이름 지어졌다.

11) 파레토최적(Pareto optimum)

어느 소비자의 효용을 증가시키기 위해서는 다른 소비자의 효용을 감소시키지 않으면 안되는 상태

12) 케인즈의 주요이론

① 풍요 속의 빈곤

생산능력이 충분함에도 유효수요의 부족으로 대량실업이 발생하고 국민들이 빈곤해 지는 상황

② 유효수요의 원리

총고용은 유효수요, 즉 총수요에 의존하며, 실업 즉 불완전고용은 총수요의 부족으로 인해 발생한다는 이론

③ 한계소비성향

소비는 사회의 실질소득의 증가에 따라 증가하지만, 그 증가율은 소득의 증가율보다 낮다는 주장

④ 자본의 한계효율

투자비용과 투자로부터 얻게 되는 수입의 현재가치가 같아지는 할인율

⑤ 절약의 역설

개인의 입장에서는 절약해서 저축을 늘리는 것이 합리적이지만 사회전체에게는 오히려 소득의 감소를 초래할 수 있다는 케인스의 이론

13) 신자유주의

① 개요

과도한 국가개입과 복지정책으로 인해 1970년대 서구사회에 나타난 경제침체와 사회 활력 저하 현상을, 국가개입 축소와 시장경제 강화를 통해 해결해야 한다는 주장의 등장 → 이러한 주장을 반영한 경제정책을 총칭

② 대두배경

㉠ 1970년대 서구에서는 높은 실업률, 인플레, 경기 후퇴라는 전반적인 악조건에 직면

㉡ 경제만 침체되는 것이 아니라, 사람들 사이에서 무언가 새로운 것을 추구하려는 창조적인 분위기나 생동감이 저하되는 현상이 함께 등장

㉢ 이로 인해 케인즈주의, 사회민주주의, 복지국가 모델 등 이른바 '과도한 국가개입정책'에 대한 반성과 비판이 제기됨

㉣ 이와 같은 반성과 비판은 영국과 미국을 중심으로 자유주의와 이를 토대로 한 사회경제정책을 등장케 함.

㉤ 영국에서는 1979년 보수당의 대처내각이 들어서고, 미국에서는 1981년 레이건 행정부가 등장하면서 신자유주의는 국가정책으로 추진

㉥ 이때 등장한 자유주의 정책은 국가의 일정한 역할, 특히 합리적이고 공정한 시장 질서를 수립하는 것 등을 인정하는 측면에서 19세기의 자유방임주의와 일정한 차이를 보이지만, 그 본질은 자유로운 시장경제를 더욱 강화하는 방법으로 사회 및 경제발전을 도모하자는 것에 있음

③ 신자유주의의 주요정책과 쟁점

자유롭고 공정한 경쟁 보장, 불필요한 규제 완화 및 축소, 공기업 민영화, 작고 효율적인 정부, 세금 감축, 노동시장 유연화, 과도한 복지정책 축소

14) 시장실패

① 개념

시장이 자원의 최적분배라는 과제를 해결해주지 못함으로써 발생하는 시장의 결함

② 발생원인

시장기구의 완비를 저해하는 요인으로는, ㉠ 독·과점시장 ㉡ 정보의 비대칭성 ㉢ 외부효과(외부경제) ㉣ 공공재 등을 들고 있다.

15) 희소성의 문제

희소성이라는 것은 '어떤 재화나 물건이 제한되어 있다.' 는 뜻으로 인간의 욕망은 무한하지만 경제적 자원이 한정되어 있기 때문에 발생

16) 수요 및 수요의 법칙

수요란 재화나 서비스에 대한 구매력(購買力)이 수반된 욕구를 말하고 수요의 법칙이란 어떤 재화의 가격이 상승(하락)하면 수요량이 감소(증가)하는 관계, 즉 가격과 수요량 사이에 성립하는 역의 관계를 가리킨다. 수요의 법칙에 때문에 수요곡선은 일반적으로 우하향하는 형태를 갖는다.

17) 공급 및 공급의 법칙

판매자가 정하여진 가격 하에서 어떤 상품을 판매하고자 하는 욕구를 말하고 공급의 법칙이란 어떤 상품의 가격이 상승하면 그 상품의 공급량은 증가하고, 가격이 하락하면 공급량은 감소하는 관계를 가리킨다. 공급의 법칙 때문에 공급곡선은 일반적으로 우상향하는 형태를 갖는다.

18) 밴드웨건 효과와 스납효과

① 밴드웨건 효과(편승효과, 악대차효과)
타인의 소비행위를 쫓아가므로 상품소비량이 증가할 수록 수요도 증가

② 스납효과(Snob effect) (속물효과, 백로효과)
다수의 소비자가 구매할 경우 제품소비를 꺼리는 효과

19) 소비자잉여

어떤 상품에 대해 소비자가 최대한 지불해도 좋다고 생각하는 가격(수요가격)에서 실제로 지불하는 가격(시장가격)을 뺀 차액

20) 최고가격제와 최저가격제

	최고가격제(가격상한제)	최저가격제(가격하한제)
개념	정부가 가격상한을 설정	정부가 가격하한을 설정
목적	수요자 보호	공급자 보호
사례	임대료 통제, 분양가 상한제 등	최저임금제도
특징	초과수요와 암시장 발생	초과공급 발생

21) 엥겔의 법칙과 슈바베 법칙 그리고 에인절의 법칙

엥겔의 법칙	소득 증가 시 가계의 총지출 중에서 음식비에 대한 지출비율이 감소
슈바베의 법칙	소득 증가 시 주거비 지출액은 증가하나 가계의 총지출 중에서 주거비에 대한 지출비율이 낮아진다는 법칙
에인절의 법칙	가계 총지출에서 교육비가 차지하는 비율로 불황이 심할수록 에인절 계수가 커진다.

22) 기회비용과 매몰비용

기회비용 (opportunity cost)	① 어떤 것을 선택함으로 포기할 수 밖에 없는 많은 선택가능성 중에서 가장 가치 있는 것 ② 회계비용에는 인건비, 임대료 등 누가 보아도 비용임이 명백한 것들만이 포함되지만 기회비용에는 명백한 비용뿐 아니라 암묵적 비용도 포함
매몰비용(sunk cost)	① 일단 지출된 후에는 다시 회수할 수 없는 비용 ② 매몰비용은 명백한 비용이기는 하지만 경제적 의사결정 고려시 제외해야 하는 비용

23) 완전경쟁시장과 불완전경쟁시장

① 완전경쟁시장

어느 공급자와 수요자도 공급 및 구매량의 조절을 통해 시장가격에 영향을 줄 수 없을 정도로 시장에 많은 수의 공급자와 수요자가 있는, 시장형태를 말한다. 완전경쟁시장에서는 자원의 완전한 이동성이 보장되어야 하며, 진입・퇴출이 자유로워야 하고, 공급자와 수요자 모두 의사 결정에 필요한 정보를 완전하게 갖추고 있어야 한다.

② 불완전경쟁시장

완전경쟁시장의 특징으로는 ㉠ 다수의 판매자와 구매자, ㉡ 상품의 동질성, ㉢ 기업의 자유로운 진입과 퇴거, ㉣ 완전한 시장정보 등이 있는 데, 처음 세 가지 특징 중 적어도 한 가지를 만족시키지 못하는 시장을 불완전경쟁시장이라 한다. 불완전경쟁시장은 그 상품을 생산・공급하는 기업의 수를 기준으로 독점, 과점, 독점적 경쟁 등으로 구분된다.

24) 이윤극대화 조건

① 한계수입(MR) = 한계비용(MC) 일 때 이윤극대화가 성립된다.

② 한계수입이란 총수입의 증가분 / 생산량의 증가분이고 한계비용이란 총비용의 증가분 / 생산량의 증가분이다.

25) 국내총생산(GDP)

일정기간 동안 한나라 안에서 생산된 모든 최종생산물의 시장가치

일정기간동안	유량개념으로서 일반적으로 1년이 기준
한 국가안에서	속지주의 개념
생산된	생산과 관련 있어야 하므로, 부동산 투자, 주식거래, 골동품판매 수입은 포함되지 않는다.
최종생산물	① 중간 생산물은 포함되지 않는다. ② 최종생산물은 부가가치의 합과 일치한다.
시장가치	시장에서 거래된 것만 포함되므로 주부의 가사노동은 포함되지 않는다.

26) 국민총소득(GNI)

① 한 나라의 국민이 생산활동에 참여한 대가로 받는 소득의 합계로서 해외거주자가 받은 소득(국외수취요소소득)은 포함되고 국내총생산(GDP) 중에서 외국인에게 지급한 소득(국외 지급요소소득)은 제외

② GNI = GDP + 국외순수취 요소소득(국외수취요소소득 − 국외지급요소소득) + 교역조건 변화에 따른 무역손익

27) 실업

① 개념

일할 의사와 능력을 가진 사람이 직업을 갖지 않거나 갖지 못한 상태

② 실업의 종류

㉠ 자발적 실업자

- 마찰적 실업 – 일시적으로 직장을 옮기는 과정에서 실업상태에 있는 것
- 탐색적 실업 – 보다 나은 직장을 찾기 위해 실업상태에 있는 것

㉡ 비자발적 실업자

- 경기적 실업 – 경기침체로 인해 발생하는 대량실업
- 구조적 실업 – 산업의 급속한 사양으로 발생하는 실업으로 실업이 장기간 발생한다는 특징

③ 실업률

실업률 = 실업자 수 / 경제활동인구(취업자 수 + 실업자 수)

28) 필립스곡선

물가상승률과 실업률과의 사이에 있는 역(逆)의 상관관계를 나타낸 곡선.
실업률이 낮을수록 물가상승률이 높고, 반대로 물가상승률이 낮을수록 실업률은 높다. 다시 말하면 물가안정과 완전고용이라는 두 가지 경제정책 목표는 동시에 달성될 수 없으며, 어느 한쪽의 달성을 위해서는 다른 한쪽을 희생해야 한다.
1970년대 유가파동 이후 불황시에도 물가상승률은 저하되지 않는다는 스태그플레이션이 발생함에 따라 필립스 곡선은 이미 적용되지 않는다는 견해가 대두되었다.

29) 경기안정화정책

① 개념

경기 변동의 진폭을 작게 함으로써 국민 경제의 지속적이고 안정적인 성장을 이루기 위한 일련의 정부 정책을 말한다.

② 경기 과열 시와 경기 침체 시

경기 과열시	정부 – 긴축재정정책(정부지출 축소, 세율인상)
	중앙은행 – 국 · 공채 매각, 지급준비율 인상, 재할인율 인상
경기 침체시	정부 – 확대재정정책(정부지출 증대, 세율인하)
	중앙은행 – 국 · 공채 매입, 지급준비율 인하, 재할인율 인하

30) 재정정책

① 개념

㉠ 불황기에는 적자재정(赤字財政)을 집행하고, 호황기에는 흑자재정(黑字財政)을 집행함으로써 경기순환의 폭을 완화시키려는 정책

㉡ 정부의 재정지출과 같은 재정변수를 변화시킴으로 총수요를 변화시킨다.

② 종류

㉠ 확대재정정책(적자재정정책) – 정부지출증가, 조세감소

㉡ 긴축재정정책(흑자재정정책) – 정부지출감소, 조세증가

31) 금융정책

① 개념

㉠ 국가의 경제가 건전하게 발전하도록 중앙은행이 행하는 금융조정(金融調整)

㉡ 명목통화량과 같은 화폐변수를 변화시킴으로 총수요를 변화시킨다.

② 종류

㉠ 확대금융정책 – 통화량증가

㉡ 긴축금융정책 – 통화량감소

③ 정책수단

㉠ 개념

- 중앙은행의 창구를 통해 공급되는 일차적인 통화 공급만을 조절하는 수단
- 공개시작조작과 재할인율정책은 은행과의 거래를 통해 본원통화에 영향을 주는 정책수단이며, 지급준비율정책은 은행의 포트폴리오를 직접 규제하고자 하는 정책수단

㉡ 금융정책수단(간접통화관리정책)

- 공개시장 조작정책
  - 중앙은행이 공개시장에서 금융기관을 상대로 채권을 사고파는 방식으로 본원통화에 영향을 주는 정책수단
  - 공개시장 조작정책은 증권시장이 발달된 국가에서 사용할 수 있는 정책수단이다.

국공채 매입 → 통화량 증가 국공채 매각 → 통화량 감소

- 재할인율정책
  - 예금은행이 중앙은행으로부터 차입할 때 적용받는 이자율인 재할인율을 조정함으로써 본원통화에 영향을 주는 방식

– 예금은행이 중앙은행에 대한 자금의존도가 높을수록 정책의 효과성이 커진다.

재할인율 인하 → 통화량 증가 재할인율 인상 → 통화량 감소

• 지급준비율 정책

– 법정지급준비율이란 법정지급준비금을 예금통화로 나눈 값을 말한다.

– 법정지급준비율을 변화시킴으로써 통화량과 이자율을 조정하는 정책

지급준비율 인하 → 대출 증가 → 통화량 증가 지급준비율 인상 → 대출 감소 → 통화량 감소

32) 테이크오프

미국의 경제학자 W.W.로스토가 제창한 경제성장의 한 단계. 로스토가 그의 저서 《경제성장의 제단계 The Stages of Economic Growth》(1960)에서 처음으로 사용한 말이다.

그는 경제성장의 과정을, ① 오랜 전통적 사회에서, ② 근대 과학의 발전이나 사회적·정치적 기구의 변화에 따라 경제성장에 대한 장애가 제거되고(선행조건의 형성), ③ 경제가 높은 비율로 비약적으로 성장하였다가, ④ 성숙기를 거쳐(자립적 성장), ⑤ 고도의 대중소비시대에 이른다는 다섯 단계로 파악하였다. 그리고 그 중에서 ③의 비약적인 경제성장 단계의 기간을 테이크오프(이륙기)라고 명명하였다.

33) 네덜란드병(dutch disease)

70년대 이후 네덜란드가 유전개발에 따른 경제호황을 누리면서 급격한 임금상승과 함께 소 비급증 등의 현상을 경험하며 경제활력이 급격하게 떨어진 것을 일컫는다.

네덜란드는 이 때문에 통화 절상에 따른 수출 경쟁력이 약화된 것은 물론 한동안 심각한 노 사 갈등 등 사회불안까지 감내해야 했다.

34) 균형성장론과 불균형성장론

① 균형성장론

넉시(R. Nurkse)가 주장한 이론으로써, 빈곤의 악순환을 타파하는 것이 경제 개발이라고 주장하고, 빈곤의 악순환을 지속시키는 가장 큰 요인으로서 시장 규모의 협소를 들고 있다.

② 불균형성장론

허쉬만(A. O. Hirschman)의 주장으로써, 경제발전을 하기 위해서는 주도적 산업 부문에 집중적으로 투자를 해서 그 파급 효과를 노려야 한다는 것. 이러한 파급 효과는 전방연관효과와 후방연관효과로 구분되나, 후방연관효과를 투자 순위의 기준으로 설정한다.

35) 기업경기실사지수

경기동향에 대한 기업가들의 판단·예측·계획의 변화추이를 관찰하여 지수화한 지표. 약칭으로 BSI라고 한다. 지수계산은 설문지를 통하여 집계된 전체응답자 중 전기에 비하여 호전되었다고 답한 업체수의 비율과 악화되었다고 답한 업체수의 비율을 차감한 다음 100을 더해 계산한다.

일반적으로 지수가 100 이상이면 경기가 좋고 100 미만이면 경기가 안 좋다고 판단하게 된다. 미국·일본 등 50여 개국에서 실시하고 있으며, 한국은 한국은행을 비롯하여 산업은행·상공회의소·전국경제인연합회 등에서 분기별 또는 월별로 이를 조사하여 발표하고 있다.

36) 국제 금융 기구

① IBRD: 국제부흥개발은행(International Bank for Reconstruction and Development)
② ADB: 아시아개발은행(Asian Development Bank)
③ ECB: 유럽중앙은행(European Central Bank)
④ IMF: 국제통화기금(International Monetary Fund)
⑤ IDA: 국제개발협회(International Development Association)
⑥ BIS: 국제결제은행(Bank for International Settlements)

BIS비율이란 위험가중자산이 자기자본에서 차지하는 비율로 은행의 건전성을 판단하기 위한 지표이다. 일반적으로 8%이상 되어야 한다.

37) 국제수지

구분		내용
경상수지	상품수지	상품의 수출과 수입
	서비스수지	서비스의 수출과 수입(예 운수, 여행, 보험서비스 등)
	본원소득수지	생산요소의 제공으로 발생(예 임금, 배당, 이자)
	이전소득수지	아무런 대가없이 무상으로 제공(예 송금, 무상원조 등)
자본·금융계정	자본수지	기타자산의 매매를 계상(예 자본이전, 특허권 등)
	금융계정	대외금융자산 또는 부채의 소유권 변동과 관련된 거래 (예 직접투자, 포트폴리오투자, 기타투자 등)
오차 및 누락		차변과 대변의 균형을 위해 필요한 항목

38) 비교우위론 … D. Ricardo

① 내용

한 나라가 두 재화 생산에 있어서 모두 절대우위, 절대열위에 있더라도 상대적으로 생산비가 낮은 재화 생산에 특화하여 무역할 경우 이익을 얻을 수 있다는 이론.

② 구체적인 예

	X재	Y재
A국	1	4
B국	5	5

기회비용을 계산하면 다음과 같다.

	X재(Y재로 표시)	Y재(X재로 표시)
A국	1/4	4
B국	1	1

A국은 X재 생산의 기회비용이 B국보다 낮고 B국은 Y재 생산의 기회비용이 A국보다 낮으므로 A국은 X재에 비교우위가 있고 B국은 Y재에 비교우위가 있다.

39) 헥셔 - 올린의 정리(Heckscher-Ohlin Theorem)

각 국은 상대적으로 풍부하게 부존된 생산요소를 집약적으로 사용하여 생산한 재화에 비교 우위를 갖고, 이 재화를 서로 교역한다는 것을 말함

40) 레온티에프의 역설

레온티에프가 미국 경제를 분석해 본 결과 자본풍부국으로 여겨지는 미국이 헥셔 - 올린 정리와 반대로 자본집약적인 재화를 수입하고 노동집약적인 재화를 수출한다는 결론 → 레온티에프는 노동생산성이 높은 미국을 노동량으로 평가하면 노동풍부국으로 볼 수 있다고 주장

41) 그레샴의 법칙

악화가 양화를 구축한다는 의미로 영국의 토머스 그레셤이 16세기에 제창한 학설
한 사회에서 악화(소재가 나쁜 화폐)와 양화(금화)가 동일한 가치를 갖고 함께 유통할 경우 악화만이 그 명목가치로 유통하고 양화에는 그 소재가치가 있기 때문에 사람들이 가지고 내놓지 않아 유통에서 없어지고 만다는 것

42) 단기금융시장과 장기금융시장

단기금융시장은 통상 만기 1년 미만의 금융시장이 거래되는 시장으로 콜시장, CD시장, RP시장, CP시장이 이에 해당된다. 장기금융시장은 기업의 시설자금이나 장기자금조달을 목적으로 발행되는 채권 및 주식이 거래되는 시장을 말한다.

43) 골드스미스비율(금융연관비율)

실물면의 자본축적 잔액에 대한 금융면의 금융자산 잔액의 비율로 금융구조의 고도화 또는 금융자산 축적의 정도를 나타내는 지표라 할 수 있다. 금융연관비율은 장기적으로 상승추세를 보이며 일반적으로 선진국이 후진국에 비해 높다.

44) 경기종합지수

경기변동의 국면, 전환점과 속도, 진폭을 측정할 수 있도록 고안된 경기지표의 일종 경제부문별(생산, 투자, 고용, 소비 등)로 경기에 민감하게 반응하는 주요 경제지표들을 선정한 후 이 지표들의 전원대비 증감률을 합성해 작성

선행종합지수	동행종합지수	후행종합지수
구인구직비율	비농림어업 취업자수	회사채유통 수익률
재고순환지표	광공업생산지수	상용근로자수
기계류내수출하지수	건설기성액	도시가계소비지출
국제원자재가격지수	서비스업생산 지수	소비재수입액
건설수주액	소매판매액 지수	생산자제품 재고지수
소비자기대지수	수입액	
종합주가지수	내수 출하지수	
수출입물가비율		
장단기 금리차		

45) 경제자유구역

외국인투자를 촉진하고 국가경쟁력 강화를 도모하기 위하여 지정된 지역 지정지역에서는 외국기업에 대한 세제지원 확대, 노동 관련 규제 완화, 관공서의 외국어 서비스 제공 등 국제기준에 부합하는 제도를 운영

46) 경제활동인구

만 15세이상 인구 중 조사대상 주간동안 상품이나 서비스를 생산하기 위해 실제로 수입이 있는 일을 한 취업자와 일을 하지 않았으나 구직활동을 한 실업자를 말한다.

제2장 경제용어

1) 국가신인도

① 개념

국가신인도는 한 나라의 신뢰성, 장래성 등을 나타내는 지표이다.

해외차입, 외국인 투자 등 경제 활동뿐 아니라 국가신용등급에도 직·간접적으로 영향을 미친다.

국제신용평가기관 들이 국가위험도·국가신용도·국가경쟁력·국가부패지수·경제 자유도·정치권리자유도 등 다양한 분야의 평가를 통해 특정 국가의 신인도를 주기적으로 측정·발표

② 국가신인도 관련 평가지표

평가분야	평가기관	평 가 요 소
국가위험도	PERC, EIU	시장규모, 정치·사회적 위험, 성장잠재력 등
국가신용도	무디스, 피치, S&P	기업. 금융기관 및 채권·환율 등에 대한 신회성 등
국가경쟁력	WEF, IMD	외국인투자, 정부부채 등의 통계자료 및 설문조사
국가부패지수	TI, PERC	뇌물수수 등 부패도에 대한 해당 국내거주외국인 조사
경제자유도	헤리티지재단	통상정책, 정부규제, 통화정책 등 10개 요소 50개 변수
인간개발지수	UNDP	평균수명, 교육수준, GDP 등
정치권리자유도	Freedom House	정치적 권리, 시민자유도 등

2) 근원인플레이션

석유파동·이상기후·제도변화 등 일반적으로 예상치 못한 일시적 외부충격에 의한 물가변 동분을 제거한후 산출되는 물가상승률로서 핵심물가지수상승률이라고도 한다.

한국의 경우 2000년 이후 근원인플레이션을 중앙은행 물가안정목표제도의 대상지표로 사용 중이며 소비자물가에서 곡물이외의 농산물과 석유류의 가격 변동분을 제외한 근원인플레이션을 측정하여 통계청에서 소비자물가와 더불어 매월 발표

3) 복수통화바스켓제도

자국과 교역 비중이 큰 나라의 통화, 예를 들면 달러, 유로, 엔화 등을 바스켓으로 한데 묶고 이들 통화의 가치가 변할 경우 각각 교역가중치에 따라 자국통화의 환율에 반영하는 환율제도 특정통화가치의 급격한 상승이나 하락에 따른 충격을 완화할 수 있고 물가상승률 등 국내 경제변수를 반영할 수 있어 고정환율제를 변동환율제로 바꾸려는 나라들이 중간단계로 채택 하는 제한적인 변동환율제도

4) 세뇨리지 효과

기축통화국의 지위를 이용하여 달러를 찍어내고 새로운 신용창출을 통해 끝없이 대외 적자를 메워 나가는 것을 말한다. 화폐를 찍어내면 교환가치에서 발행비용을 뺀 만큼의 이익이 생기는데 그 중에서도 기축통화국, 곧 국제통화를 보유한 나라가 누리는 이익을 통상적으로 세뇨리지효과 하고 일컫는다.

5) MMF

단기금융상품에 집중 투자해 단기 실세금리의 등락이 펀드수익률에 신속히 반영될 수 있도록 한 초단기 상품. 즉, 고객의 돈을 모아 금리가 높은 CP, CD, 콜 등 단기금융상품에 집중투자하여 여기서 얻는 수익을 되돌려 주는 실적배당상품이다.

6) MCSI 지수

미국 투자은행인 모건스탠리의 자회사 MCSI가 작성해 발표하는 세계주가지수이다. 전 세계를 대상으로 투자하는 대형 펀드 특히 미국계 펀드 운용에 주요 기준으로 사용되고 있다. 전 세계 49개국을 대상으로 한 ACWI(All Country World Index)Free 지수, 미국. 유럽 등 23개국 선진국 시장을 대상으로 한 World지수, 그리고 아시아. 중남미 등 28개국 신흥시장을 대상으로 한 EMF(Emerging Market Free) 등이 대표적이며 극동아시아. 라틴아메리카유럽 등의 지역별 지수도 있다.

7) 관세의 종류

① 협정관세율
특정국가 또는 국제기구와의 협상을 통해 정해진 세율을 말한다. 상대 국가 또는 국제기구에 양허된 세율이라고 하여 양허세율 이라고도 한다.

② 할당관세
국내산업 지원을 위해 국내에서 생산되지 않는 기초원자재 등 특정 수입품에 부과하는 관세로 정부가 정한 일정수입량까지만 저세율의 관세를 부과하고 이를 초과해 수입되는 물품에는 고세율을 적용

③ 반덤핑관세
외국으로부터 특정 상품이 정상보다 낮은 가격에 수입되어 국내 관련산업에 타격을 주는 것을 방지하기 위해 수출국 내의 정상가격과 덤핑가격의 차액범위 내에서 부과하는 할증 관세

④ 상계관세

수출국으로부터 장려금이나 보조금을 지원받아 가격경쟁력이 높아진 물품이 수입되어 국내산이 피해를 입을 경우 이러한 제품의 수입을 불공정한 무역행위로 보아 억제하기 위해 부과하는 관세

⑤ 특혜관세

개발도상국의 수출 확대 및 공업화 촉진을 위해 선진국이 개발도상국으로부터 수입하는 농수산품. 공산품의 제품 및 반제품에 대해 관세를 철폐하거나 세율을 인하

⑥ 조정관세

지정된 물품의 수입이 급격히 증가하거나 저가 수입되어 국내시장이 교란되거나 산업 기반이 붕괴될 우려가 있는 경우 일시적으로 일정기간 동안 세율을 조정해 부과하는 관세

8) 트리클다운 효과(적하정책)

트리클다운이란 말은 '넘쳐흐르는 물이 바닥을 적신다'는 의미이다. 레이거노믹스에서 등장했으며 미국의 제 41대 대통령인 부시가 재임 중이던 1989년부터 1992년까지 채택한 경제정책 정부가 투자 증대를 통해 대기업과 부유층의 부를 먼저 늘려주면 중소기업과 소비자에게 혜택이 돌아감은 물론 이것이 결국 총체적인 국가의 경기를 자극해 경제발전과 국민복지가 향상된다는 이론

9) 통화스왑계약

두 나라가 자국통화를 상대국 통화와 맞교환하는 방식으로 외환위기가 발생하면 자국 통화를 상대국에 맡기고 외국통화를 단기차입하는 중앙은행간 신용계약이다.

10) 치앙마이 이니셔티브

2000년 5월 태국 치앙마이에서 외환위기 재발방지를 위해 동아시아 국가의 외환위기 발생 시 중앙은행간 통화스왑계약을 확대하기로 합의

11) 콜금리

금융기관 사이의 단기자금 과부족을 조정해주는 콜 시장에서 형성되는 금리를 말한다. 콜 시장에서 자금을 공급하는 측을 콜론(call loan), 수요자측을 콜머니(call money) 라고 부른다. 최장만기는 30일이나 실물거래에 있어서는 1일물이 대부분을 차지하고 있다.

12) 경기연착륙

경기가 갑자기 불황으로 내려가지 않도록 서서히 충격 없이 하강한다는 뜻이다.

13) 골디락스

경제가 고성장임에도 불구하고 물가상승 압력이 없는 상태를 의미한다. 영국의 전래동화〈골디락스와 곰세마리 Goldilocks And The Three Bears〉에 등장하는 소녀의 이름에서 유래한 용어로 경제가 건실하게 성장하고 있는 이상적인 상황을 의미한다.

14) 국민부담률

조세부담률이 국내총생산에서 국민들이 낸 세금(총조세)이 차지하는 비중을 뜻하는데 비해 국민부담률은 GDP에서 국민들이 낸 세금외에 의료보험, 산업재해보험료, 국민, 사학, 공무원, 군인연금 등으로 구성되는 사회보장기여금까지 모두 합친 금액이 차지하는 비중을 의미한다. 그런 측면에서 국민부담률은 한 해 동안 국민들의 국가에 대한 부담의 정도를 가장 종합적으로 나타내는 지표라고 할 수 있다.

15) 금수조치

한 국가가 다른 특정 국가에 대해 직간접 교역, 투자, 금융거래 등 모든 부분의 경제교류를 중단하는 조치로 일명 엠바고(embargo)라고 불린다.
이같은 조치는 보통 정치적인 목적으로 어떤 특정국을 경제적으로 고립시키기 위해 사용된다.
대상국과는 원칙적으로 모든 경제교류가 중단되나 인도적 교류나 문화, 체육분야의 교류에는 예외가 인정되는 것이 보통이다.

16) 기축통화(key currency)

국가간의 결제나 금융거래의 기축이 되는 특정국가의 통화로서 통상 미국 달러를 가리킨다. 미국 예일대학의 트리핀 교수가 처음 명명했다.

17) 긴급수입제한조치(safe guard)

특정품목의 수입이 급증해서 국내의 경쟁업계에 중대한 손해를 입히거나 그 우려가 있다고 판단되는 경우에 GATT가맹국이 발동하는 긴급수입제한조치를 말한다.
하지만 이를 발동하기 위해서는 관계국에 통고 및 협의와 같은 복잡한 절차를 거치게 되어 있어 한편으로 남용 방지 효과가 있다.

18) 달러라이제이션(Dollarzation)

자국화폐를 버리고 미국의 달러화를 공식화폐로 채택하거나 달러화의 기축 통화기조가 전세계적으로 더욱 공고해지는 최근의 경향을 일컫는 말이다.
극심한 인플레와 경기침체에 시달려온 중남미 국가들이 경제주권을 빼앗겼다는 비판에도 불구하고 경제회생을 위해 선택하는 경우가 많다.

19) 더블딥(double dip)

경기침체가 발생한 후 회복되는 기미를 보이다가 다시 경기침체에 빠져드는 현상을 말한다. 그 모양이 W자와 유사해 W자형 경제구조라고도 하며 우리말로는 이중하강, 이중침체 등의 여러 가지 용어로 표현된다.
경기가 2분기 계속하여 마이너스 성장을 기록하는 경우에 경기침체(dip)라 하며 더블딥은 이러한 경기침체가 2번 계속되는 현상을 의미한다.

20) 리디노미네이션(redenomination)

한 나라의 화폐를 가치 변동 없이 모든 은행권과 지폐의 액면을 동일한 비율의 낮은 숫자로 표현하거나 이와 더불어 새로운 통화단위로 화폐의 호칭을 변경하는 것을 말한다.

21) 디스인플레이션

인플레이션을 종식시키기 위해 점차적으로 통화를 수축시켜 가격의 상승률을 낮추는 것을 말한다.

22) 인플레이션과 디플레이션

인플레이션은 화폐가치가 하락하여 일반 물가수준이 지속적으로 상승하는 현상이며 디플레이션은 경기가 하강하면서 물가도 하락하는 경제현상을 말한다.

23) 리플레이션

경제가 디플레이션 상태에 들어가서 유휴자본과 유휴설비가 있고 실업이 급증한 경우 신용팽창과 통화증발로 물가를 상승시켜 사업활동을 활발히 하고 고용을 증대시키는 일련의 대책을 세우는 기간을 말한다. 즉 정책적으로 상품의 생산과 유통을 확대시켜 경기를 진작하고 불황에서 탈출하려 할 때, 통화증발을 적당히 조절해 인플레이션이 되지 않을 정도로 경기대책을 세우는 것을 말한다.

24) 모라토리엄(moratorium)

지급정지, 지급유예의 뜻이다. 한 국가의 경제상태가 긴급한 경우 일정기간 법령에 의거, 모든 대외 채무지급을 중지한 다는 뜻으로 사용된다. 국제적으로 한 나라가 국제수지 적자가 엄청나게 불어나 외채이자 지급불능 상황이 되면 일시적으로 모든 채무의 지급정지 선언을 하는 것을 말한다.

25) 물가안정목표제도

인플레이션을 일정수준으로 유지하는 것을 중앙은행 통화신용정책의 최종 목표로 명시적으로 설정하고 공개시장조작 등 각종 수단을 동원하여 이를 달성하고자 하는 정책운용법이다.

26) 미달러화 페그제도

자국통화의 미달러화에 대한 환율은 고정시켜둔 채 기타통화에 대한 환율은 미달러화 대 기타통화의 환율변동에 따라 자동적으로 결정되게 하는 방식을 말한다.

27) 브릭스(BRICs)

브라질, 러시아, 인도, 중국의 4개국을 지칭하며 각국의 영문 머릿글자를 따서 만든 약어로 2003년 미국 증권회사인 골드만 삭스 그룹 보고서에서 처음 사용되었다.

28) 넥스트 11

골드만 삭스가 만들어낸 신조어로 차세대 성장국가 11개국을 뜻한다.
방글라데시, 이집트, 인도네시아, 이란, 한국, 멕시코, 나이지리아, 파키스탄, 필리핀, 터키, 베트남 등을 넥스트 11으로 명명

29) MIKT

세계적으로 '브릭스(BRICs)'란 말을 처음 회자시킨 짐 오닐 골드만삭스자산운용 회장이 한국을 자신의 '성장 국가(Growth Economies)'군에 편입시켰다. 내년 한국 경제 성장 가능성을 다른 신흥국가들보다 더 높게 평가했다. 21일 미국 경제전문방송 CNBC는 짐 오닐이 최근 투자보고서에서 멕시코 인도네시아 한국 터키 등 4개국을 'MIKT'로 지칭하면서 이들 국가를 '성장 국가 리스트에 추가한다고 밝혔다.

30) 마빈스

올해 초 미국 경제전문사이트 '비즈니스 인사이더'는 앞으로 10년간 가장 주목해야 할 6개국으로 '마빈스(MAVINS)'를 지목 멕시코, 호주, 베트남, 인도네시아, 나이지리아, 남아공

31) 빅맥환율

미국 맥도날드 햄버거 값을 기준으로 각국의 통화가치를 평가한 것을 말한다. 일종의 구매력 평가환율이다. 영국의 경제 전문 주간지인 〈이코노미스트〉는 1986년부터 매년 한번씩 세계 각국에서 판매되는 빅맥값을 기준으로 빅맥환율을 계산해 발표한다.

32) 소프트 패치

경기회복 국면에서 나타나는 일시적인 침체 국면을 말한다. 2002년 말 앨런 그린스펀 미 연방 준비제도 이사회 의장의 의회증언에서 사용된 후 경기 확장국면에서 돌출한 국지적인 침체를 의미하는 시사용어로 정착되었다.

33) 핫머니

국제금융시장을 이동하는 단기자금

34) 스태그플레이션

경기침체 하의 인플레이션, 즉 저성장 고물가상태를 말한다.

35) 연방준비제도이사회(FRB)

미국 연방준비제도이사회. 연방준비제도(FRS)의 운영기관이며 의장 이하 7명의 이사로 구성된다. FRB는 12개 산하 연방준비은행의 공정할인율, 예금준비율의 변경 및 공개시장조작, 연방준비권의 발행과 회수를 감독한다.

36) 연방공개시장위원회(FOMC)

미국의 중앙은행제도인 연방준비제도이사회(FRS)에 있어서 연방준비제도이사회(FRB)의 통화, 금리정책을 결정하는 기구를 말한다.

37) 연방기금금리(FFR)

한국의 은행간 콜금리에 해당되는 미국의 대표적인 단기금리이다. 이 금리는 미국 정부의 통화정책 방향을 나타내는 지표로 활용되고 연방준비자금시장에서 중앙은행인 연방준비제도이사회(FRB)가 공개시장조작을 통해 조정한다.

38) 토빈세

모든 국가간 자본 유출입 거래에 대하여 단일세율을 적용하는 외환거래세의 일종. 토빈세를 보다 넓게 해석할 경우 투기적 자본 유출입에 대한 국내외 금리차를 세금으로 부과하는 제도인 이자평형세로 파악할 수도 있다.

39) 인근궁핍화

국내경기의 진작을 위해 취한 정부의 정책이 외국의 경기후퇴를 초래함으로써 역효과를 가져오는 경우를 말한다.

40) 캐리트레이드(carry trade)

저금리로 차입해 상품이나 주식 등 자산에 투자하는 기법을 지칭하는 용어다. 높은 이자율을 지급하는 상품을 매입하기 위하여 이보다 낮은 이자율로 자금을 차입하는 거래를 말한다. 예를 들어 저금리의 달러를 빌려 고금리의 비달러 자산을 매입하는 거래방식이다.

41) 다자간 원조

공적개발원조의 한 방식으로 개도국을 원조함에 있어 그 나라에 직접자금을 제공하지 않고 세계은행, 아시아 개발은행, 등 국제적인 대부기관에 출자함으로써 간접적으로 원조하는 방식

42) 도하개발아젠다

2001년 제 4차 WTO각료회의에서 새로운 다자간 무역협상이 출범 협상의제는 농업. 서비스는 물론 비농산물시장 접근, 규범, 환경, 지적재산권, 분쟁해결 등 크게 일곱가지

43) 인구고령화

고령화사회는 전체 인구 중 65세 이상 고령인구 비율이 7% 이상인 사회이고, 고령사회는 고령인구 비율이 14%이상인 사회, 초고령사회는 고령인구비율이 20% 이상인 사회를 의미한다.

44) 애그플레이션

농업을 뜻하는 '애그리컬처'(agriculture)와 물가상승을 뜻하는 '인플레이션'(inflation)을 합성한 단어 농산물가격 급등으로 물가가 상승한다는 의미이다. 최근 화석연료 대신 대체에너지 개발에 따른 '바이오 연료' 산업으로 야기바이오 연료 산업이란 옥수수, 고구마 등 농작물에서 짜낸 기름으로 자동차를 움직이는 연료를 만드는 산업

45) 래퍼곡선

세율과 정부의 조세수입간의 관계를 나타내는 곡선으로 세율이 낮은 수준일 때는 세율을 인상하면 정부의 조세수입이 증가하나 세율이 매우 높은 수준일 때는 세율을 인상하면 정부의 조세수입은 오히려 감소한다.

46) 그린북(green book)

매월 한국은행 금융통화위원회를 앞두고 기획재정부가 발간하는 '최근 경제동향'을 말한다. 이 '최근 경제동향'은 책자 표지가 녹색이어서 미국 연방 준비제도이사회의 경제동향보고서인 베이지 북에 빗대어 용어를 만듬

47) 출구전략

경제회복을 위해 공급됐던 과잉 유동성이나 각종 완화정책을 경제에 큰 부작용 없이 서서히 거두는 전략을 일컬음

48) 플라자 협정

1985년 9월 21일, 뉴욕 플라자 호텔에서 선진 5개국인 미국・독일・일본・영국・프랑스가 상호 환율 조정을 위한 플라자 협정을 체결했다.
이에 따라 1980년 미국에 레이건 대통령의 등장과 함께 〈강력한 달러가 강력한 미국〉이라는 가치 아래 고평가됐던 달러 가치가 일본과 독일 통화에 대비하여 70% 정도 평가 절하됐다.

49) 뱀파이어 경제

뱀파이어 경제란 남의 것을 빼앗아 자신의 부를 부풀리는 수탈경제로 대기업이 중소기업의 피를 빨아 성장하는 경제를 의미하기도 한다.

50) 모기지론 제도

부동산을 담보로 주택저당증권(MBS)을 발행하여 장기주택자금을 대출해주는 제도를 말한다. 주택자금 수요자가 은행을 비롯한 금융기관에서 장기저리 자금을 빌리면 은행은 주택을 담보로 주택저당증권을 발행하여 이를 중개기관에 팔아 대출자금을 회수하는 제도이다. 대출한도에 제한이 없으며 대출기간은 최장 30년이다.

51) 역모기지론

특별한 소득이 없는 고령자가 본인 소유의 집을 담보로 금융기관으로부터 매월 일정 금액을 연금형태로 대출받아 생활비로 사용하고 사후에 집소유권을 금융기관에 넘기는 것을 말한다. 만 60세 이상의 고령자, 본인 소유의 집의 가치가 9억 이하인 경우 가입가능하다.

52) 주택담보인정비율(LTV)

금융기관들이 주택을 담보로 대출을 해줄 때 적용하는 담보가치, 즉 주택가격 대비 대출이 가능한 최대비율

53) 총부채상환비율(DTI)

주택담보대출의 연간원리금 상환액과 기타부채의 연간이자 상환액의 합을 연소득으로 나눈 비율이다. 봉급생활자의 총 급여소득을 감안해서 대출한도를 정하는 제도로 기존의 주택담보대출에 비해 대출자의 상환능력을 엄격히 하는 제도

54) 최소시장접근(MMA)

그동안 수입금지 됐던 품목의 시장을 개방할 때 일정 기간 동안 최소한의 개방폭을 규정하는 것을 말한다.

55) 일본화(Japanization)

1990년대 일본과 같이 자산 버블 붕괴와 고령화가 맞물리며 저성장과 디플레이션, 재정적자 심화로 장기 불황에 빠지는 현상.

56) 유로존(Eurozone)

통화로 유로(Euro · 기호는 '€')를 쓰는 나라를 뜻하는 말. 1991년 1월 유럽연합(EU) 단일통화 유로가 첫선을 보이며 생긴 경제권역이다. EU 28개국 가운데 프랑스 · 독일 · 그리스 · 슬로바키아 · 아일랜드 · 이탈리아 등 19개국이 유로를 쓴다. 보통 이들 나라를 묶어 유로존이라고 부른다. 영국 · 덴마크 · 스웨덴 등 나머지 9개 나라는 EU 회원국이면서도 유로를 쓰지 않고 자기 나라의 통화를 사용하고 있다.

57) 볼커룰

은행이 손실 위험이 큰 투자에 뛰어들어 이에 따른 위험이 경제전반으로 확산되는 것을 막기 위해 위험이 높은 투자를 제한하고 금융기관의 대형화를 막는 규제정책으로 볼커룰 적용시점을 2015년에서 2017년 7월로 미국 연방준비제도가 발효를 2년 늦추기로 했다.

58) 그림자 금융

제도권 은행과 달리 규제 등에서 제외돼 있는 대출을 말한다. 그래서 '그림자'라는 말을 사용한다. 신용도가 낮은 기업이나 기관이 신탁회사나 대부업체 등을 통해 자금을 조달하는 형태다.

59) 킹핀(kingpin)

볼링에서 셋째 줄 가운데에 있는 5번 핀을 의미한다. 10개 핀을 모두 쓰러뜨리는 스트라이크를 치기 위해선 맨 앞에 보이는 1번 핀이 아닌 킹핀을 때려 연쇄적으로 다른 핀들을 넘어뜨려야 한다. 경제 분야에선 가장 최우선적으로 해결해야 할 급소의 의미로 쓰인다.

60) 낙수효과와 분수효과

낙수효과(trickle down effect)는 부유층의 소비 증가가 저소득층의 소득 증가로 이어져 경제 전체가 혜택을 누린다는 이론이다. 반대로 분수효과(trickle-up effect)는 저소득층의 소비 증가로 내수경기가 살아나면 추가적으로 생산과 투자가 이뤄지면서 경제의 선순환 구조가 회복된다는 이론이다.

스파게티볼 효과(Spaghetti bowl effect)

많은 나라 사이에 동시다발로 FTA가 체결되면 마치 스파게티 접시 속 국수 가닥처럼 나라마다 다른 원산지 규정과 통관절차, 표준 등을 확인하는 데 시간과 비용이 다량 투입돼 협정체결 효과를 반감시킬 수 있음을 지적하는 표현으로 자그디시 바그와티 미 컬럼비아대 교수가 처음 사용한 개념은 무엇인가?

PART 02 최신기출문제 및 통합기출문제

| 2018-19년도에 출제된 은행권기업 경제학일반, 금융상식 기출문제

| 2017년도 이전 출제된 은행권기업 경제학일반, 금융상식 기출문제

2

은행권 최신 기출문제

은행기업의 최신입사 필기시험 기출문제는 은행권시험을 준비하는데 있어 아주 중요한 이정표가 된다. 오랜기간 치러진 시험이 아니라 2018년도부터 부활된 전공필기시험이기 때문에 최신 기출문제를 파악하고 출제경향을 분석하는 것은 경제공부의 시작과 방향 그리고 공부범위를 설정하는데 아주 중요한 자료이다. 쓸데없이는 부분을 많이 공부하는 것 보다 정확한 범위에 많은 시간을 할애하여 정확하게 공부하는 전략이 필요하다.

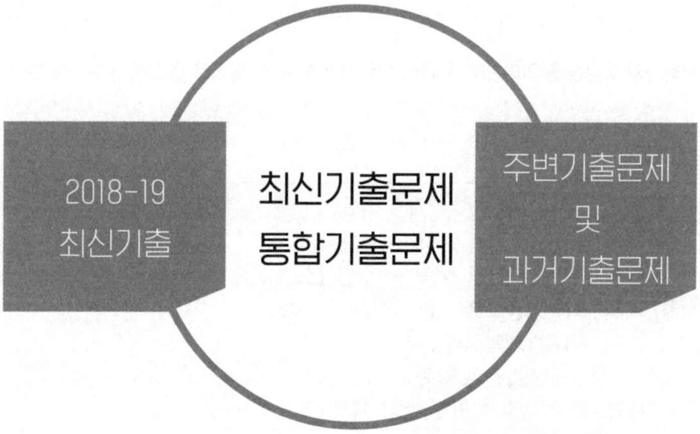

출제포인트 | 은행업무 관련 키워드 중심의 객관경제학문제 출제

❶ 환율, 통화, 금리, 대출, 이자, 가격탄력성, 임금, 채권, 물가, 은행상품, 예금보험, 국민총생산 등 경제이론과 용어에서 다루었던 용어들을 응용한 객관식 키워드 문제 또는 간략한 계산 문제로 출제된다.

❷ 키워드의 특징을 정확하게 파악하고 있다면 객관식문제는 30초 내에 1문제씩 풀어낼 수 있다. 남은 시간은 계산문제에 할애하여야만 시간 내에 모든 문제를 안전하게 풀어낼 수 있다.

❸ 과거 기출문제는 최신 출제유형에 반영되기도 한다 오래지속되는 이슈와 관련된 용어와 이론문제를 알기위해서는 과거 기출문제를 정리해야 한다.

제1장 2018~2019 최신 기출문제

1 신한은행(2018년 ~ 2019년)

01 원화의 가치가 상승할 때 현상 중 <u>틀린</u> 것은?

① 수출이 감소한다.
② 국내 물가가 하락한다.
③ 차관기업의 채무부담이 감소한다.
④ 해외 유학생의 부담이 커진다.

정답 ④

해설 환율의 하락은 원화가치의 상승을 의미한다. 환율이 하락하면 원화를 1달러로 환전하기 위하여 원화 부담이 증가한다.

• 환율의 상승(원화의 평가절하)
$1 = 500원 → $1 = 1,000원

효 과
수출재의 달러표시 가격 하락 → 수출증가
수입재의 원화표시 가격 상승 → 수입감소
수입원자재 가격 상승으로 인한 국내물가 상승
외화부채의 부담증가
교역조건의 악화
해외여행 감소로 서비스 수지 개선

• 환율의 하락(원화의 평가절상)
$1 = 1,000원 → $1 = 500원

효 과
수출재의 달러표시 가격 상승 → 수입감소
수입재의 원화표시 가격 하락 → 수입증가
수입원자재 가격하락으로 인한 국내물가 하락
외화부채의 부담감소
교역조건의 개선
해외여행 증가로 인한 서비스 수지 악화

02 다음의 경우 수요의 가격탄력성은 각각 얼마인가?

A: 소고기를 항상 300g만 사는 경우 B: 소고기를 3만원 어치 구입하는 경우

① A: 0, B: 1
② A: 1, B: 0
③ A: 0, B: 무한대
④ A: 무한대, B: 1

정답 ①

해설 A의 경우 소고기를 가격에 상관없이 항상 300g만 구입한다면 수요곡선은 수직선의 형태를 갖는다. 따라서 수요의 가격탄력성은 0의 값을 갖는다.
B의 경우 소고기를 3만원 어치 구입하는 경우 수요곡선은 직각쌍곡선의 형태를 갖는다. 따라서 수요의 가격탄력성은 1의 값을 갖는다.

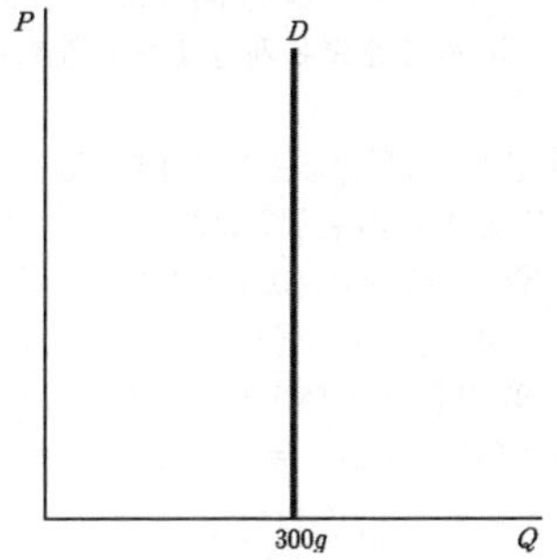

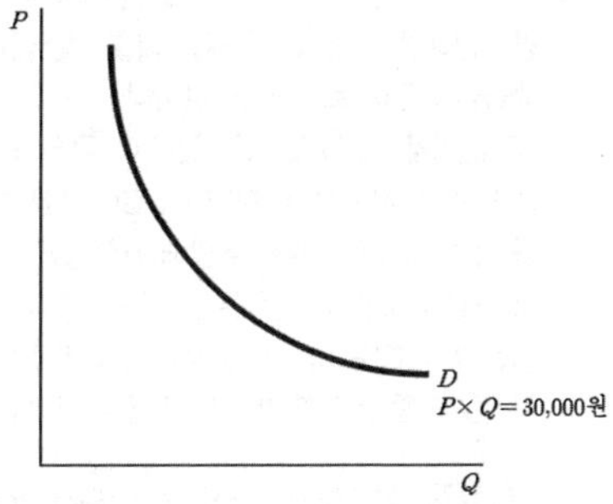

03 개인이 1년 동안 갚아야 할 모든 대출의 원금과 이자를 연 소득으로 나눈 값을 무엇이라 하는가?

① LTV
② DSR
③ DTI
④ COFIX

정답 ②

해설 DSR은 개인이 1년 동안 갚아야 할 모든 대출의 원금과 이자를 연 소득으로 나눈 값을 말한다. 예컨대 연 소득이 4,000만원이고, 대출의 원리금 합계가 2,000만원이라면 DSR은 50%가 된다. 반면 대출 원리금이 4,000만원이면 DSR은 100%다. DSR은 전국에 적용된다.

① LTV(loan to value ratio)
주택담보대출비율. 담보가치 대비 대출비율. 은행이나 보험사에서 주택을 담보로 대출해 줄 때 적용하는 담보가치(주택가격) 대비 최대 대출 가능한도를 의미한다.

③ DTI(Debt To Income)
총부채상환비율은 주택담보대출을 받을 때 연간 상환해야 하는 금액을 연 소득의 일정 비율로 제한한 것이다

④ COFIX는 은행들이 자금을 조달할 때 부담하는 이자율을 가중 평균한 것이다. COFIX가 나오기 전까지 은행들은 91일 만기의 양도성예금증서(CD) 금리를 대출 기준금리로 사용했다. CD 금리를 기준으로 개인 또는 기업별로 일정한 이자율을 더해 대출금의 금리로 사용한 것이다.
CD 금리를 COFIX로 바꾼 것은 CD금리가 시장금리를 제대로 반영하지 못한다는 지적이 제기됐기 때문이다. 거기다가 은행들이 조달하는 자금 총액에서 CD 발행액이 차지하는 비중도 낮다. 이에 은행연합회는 2010년 초 9개 은행의 정기예금 등 각종 예금 이자율을 취합해 가중평균한 COFIX를 새로운 기준금리로 제시했고 이후 모든 은행은 COFIX를 대출 기준금리로 사용하고 있다. 은행들은 COFIX에 대출자의 신용도에 따라 일정률의 가산금리(스프레드 · spread)를 더해 대출금리로 결정한다. COFIX는 계산 방법에 따라 잔액 기준과 신규 취급액 기준 두 가지가 있다. 잔액 기준은 매월 말 현재 조달자금 잔액을 기준으로 계산한 가중평균금리이고, 신규 취급액 기준은 매월 신규로 조달한 자금에 적용된 가중 평균금리를 말한다.

- 총체적 상환능력비율(DSR: debt service ratio)
DSR은 신규 및 기존 대출의 연간 원리금 상환액을 연간 소득으로 나눈 값이다.
2018년 10월부터 금융권 대출 심사가 깐깐해지고 개인별 대출 한도도 줄어든다. 소비자가 금융회사에서 빌린 돈을 모두 합쳐서 갚을 능력이 충분한지 따지는 총체적상환능력비율(DSR)이 금융 당국의 관리지표로 본격 도입되기 때문이다.
지금은 금융회사들이 자율적으로 기준을 정해 DSR 제도를 시행하고 있다. 하지만 DSR이 금융 당국의 관리지표로 도입되는 10월부터는 정부가 제시한 기준에 따라 대출 관리를 해야 한다.
금융 당국은 연간 원리금 상환액이 소득보다 많아서 위험 대출로 간주되는 고(高)DSR 기준을 80% 수준까지 강화할 것으로 알려졌다. 지금은 고DSR 기준이 100% 정도로 느슨한 데다 별다른 제재가 없어 있으나 마나 한 상태이다.
금융 당국이 DSR 기준을 정하게 되는 만큼, 빚이 많거나 소득이 적은 예비 대출자들은 향후 대출액이 현재 기준보다는 줄어들거나 심지어는 거절당할 가능성에 대비하는 게 좋다

04 미국에서 1930년대 제정된 상업은행과 투자은행의 분리법안은?

① 글래스 - 스티걸법
② 샤베인 - 옥슬리법
③ GLB법(Gramm-Leach-Bliley Act)
④ 엑슨 플로리오법

정답 ①

해설 글래스 – 스티걸법이란 상업은행과 투자은행의 분리법안을 말하고, 반대로 GLB법(Gramm-Leach-Bliley Act)은 상업은행과 투자은행의 결합법안을 말한다.
샤베인 – 옥슬리법은 분식회계와 관련하여 회계의 투명성을 강조한 법이다.
엑슨 – 플로리오법은 안보에 위해가 된다고 판단되는 외국인 투자를 정부가 직접 조사하고 철회를 요구할 수 있도록 되어 있다.

05 오바마 정부가 2010년 7월 발표한 광범위한 금융규제법으로 글로벌 금융위기 재발 방지를 목적으로 상업은행과 투자은행 업무영역 분리, 대형 은행 자본확충 의무화, 파생금융상품 거래 투명성 강화, 금융지주회사 감독 강화 등 강력한 규제를 담고 있는 법안은 무엇인가?

① 스무트 - 할리법
② 도드 - 프랭크법
③ 그램 - 리치 - 블라일리법
④ 볼커룰

정답 ②

해설 ① 스무트 – 할리법: 미국이 자국의 불황을 타개하기 위해 1930년에 제정한 관세법
③ 그램 – 리치 – 블라일리법: 금융업종간 장벽을 철폐(글래스–스티걸 법 폐기) 한 이 법은 1999년 미국에서 금융기관의 경쟁력을 촉진하고 강화시키기 위해 은행, 투자은행, 보험업 영역간의 장벽을 허문 법이다.
④ 볼커룰: 레이건 행정부 시절 중앙은행(Fed) 의장을 지냈으며 오바마 정부에선 백악관 경제회복자문위원회(ERAB) 위원장을 역임한 폴 볼커의 제안에 따라 법으로 만들어져 볼커 룰이라고 부른다.
미국 오바마 행정부가 금융회사의 위험투자를 제한하고, 대형화를 억제하기 위해 만든 금융감독규정의 하나다.

06 정부가 공급자가 사회적 약자일 때 이들을 보호하기 위해 균형가격보다 높은 가격을 정하고 그 이하로는 거래를 못하게 한 제도를 무엇이라 하는가?

① 가격상한제
② 가격하한제
③ 수량상한제
④ 수량하한제

정답 ②

해설 가격하한제란 재화와 서비스의 가격을 일정 수준 이하로 내리지 못하도록 통제하는 제도로 가격통제제도에 속한다.

- 최저임금법
  국가가 노・사간의 임금 결정과정에 개입하여 임금의 최저수준을 정하는 제도로 2020년도 최저임금은 시간당 8,590원으로 확정되었다.
  최저임금은 1인 이상 근로자를 사용하는 모든 사업 또는 사업장에 적용된다.

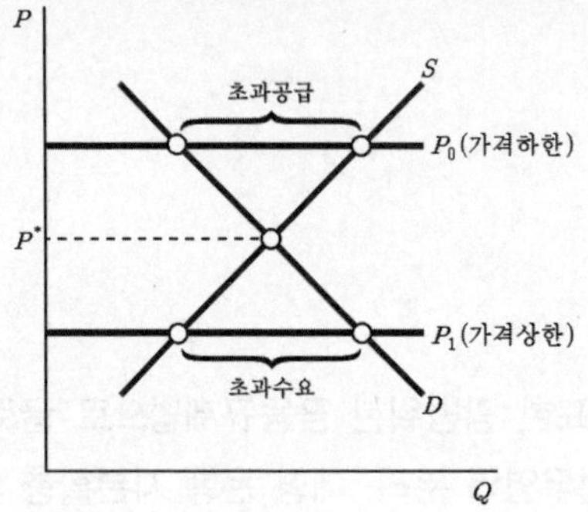

07 명목이자율이 5%이고, 예상물가상승률이 3%라고 한다면 실질이자율의 값은 얼마인가?

① 2%
② 3%
③ 4%
④ 5%

정답 ①

해설 실질이자율은 명목이자율에서 예상물가상승률을 차감해서 구할 수 있다.
실질이자율 = 명목이자율 − 예상물가상승률
실질이자율 = 5% − 3% = 2%

08 **다음 중 도덕적 해이를 방지하기 위한 보험회사의 정책에 해당하는 것은?**

① 신호발송
② 선별
③ 보험가입자에 대한 과거 사고 조사
④ 보험가입자의 보험료 할증

정답 ④
해설 나머지는 역선택을 방지하기 위한 해결책에 해당한다.

09 **지니계수의 값을 낮추기 위한 방법이 아닌 것은?**

① 소득세율 인상
② 저소득층에 대한 사회복지지출 증대
③ 소득세의 최고세율 기준소득 상향 조정
④ 최저임금 인상

정답 ③
해설 지니계수는 0과 1 사이의 값을 가지며 값이 작아질수록 소득분배는 평등해진다.
소득세의 최고세율 기준소득이 상향 조정되면 이전보다 고소득계층의 분류기준이 완화되므로 소득분배는 악화된다.

10 **규모의 경제에 대한 설명으로 옳지 않은 것은?**

① 자연독점이 생기는 원인이다.
② 규모가 커질수록 생산단가가 낮아진다.
③ 분업에 따른 전문화로 생길 수 있는 현상이다.
④ 생산물의 종류가 많을수록 비용이 낮아진다.

정답 ④
해설 '규모의 경제(economies of scale)'는 산출량이 증가함에 따라 생산단가(장기 평균총비용)가 하락하는 현상이다. 생산량이 늘어나면 분업이나 기술적 요인으로 생산단가가 낮아질 수 있다. 자연독점은 시장 전체 수요를 여러 생산자가 나눠 생산하기보다 한 생산자가 맡아 생산할 때 더 적은 비용으로 생산할 수 있는 시장이다. 규모의 경제는 자연독점이 생기는 원인이다. 한 제품을 생산할 때보다 여러 제품을 한꺼번에 생산할 때 생산비용이 적게 드는 것은 '범위의 경제'다.

11 연간 5,000만원을 받고 부여호텔 한식당 요리사로 일하는 이몽룡 씨는 요리사직을 그만두고 레스토랑을 새로 열려고 한다. 창업과 관련해 컨설팅 회사에 이미 500만원의 수수료를 지급했다. 현재 그는 연간 이자율 2%인 예금계좌에 1억원을 가지고 있는데 이를 인출해 창업 자금으로 이용할 계획이다. 또 매달 100만원의 임대료를 받고 남에게 빌려주었던 자신 소유의 건물에서 영업하려고 한다. 레스토랑 영업을 개시한다면 첫해에 음식 재료비와 종업원 인건비, 수도 및 전기요금 등 기타 경비가 3,600만원 들 것으로 예상된다. 이몽룡 씨가 현 직장을 그만두고 새로운 일을 시작하기 위해서는 첫해에 총 매출액이 최소 얼마가 돼야 하는가?

① 3,600만원 ② 5,000만원
③ 6,400만원 ④ 1억원

정답 ④

해설 이몽룡 씨가 한식당 요리사로 받았던 연봉 5,000만원과 1억원 예금의 연 이자 200만원, 매달 100만원 임대료 수입을 받을 수 있는 자신 소유 건물의 연 임대료 1200만원, 기타 경비 3,600만원을 모두 합한 1억원 이상을 최소한 벌어야 현 직장을 그만두고 새로운 일을 시작할 수 있다. 컨설팅 수수료 500만원은 레스토랑 영업 개시와 상관없이 이미 지급된 매몰비용으로 최소 총매출에 포함돼서는 안 된다.

12 다음 중 어떤 재화에 대한 수요의 변화를 초래하는 요인이 아닌 것은?

① 해당재화의 가격변화
② 대체재의 가격변화
③ 소비자의 기호변화
④ 인구 및 소득분포의 변화

정답 ①

해설 해당재화의 가격변화는 수요량의 변화를 초래한다.

13 매년 일정한 이자를 영구히 지급받는 어떤 채권의 시장가격이 하락한다면 그 채권으로 부터 얻을 수 있는 수익률은?

① 상승한다.
② 하락한다.
③ 변함없다.
④ 알 수 없다.

정답 ①

해설 채권의 시장가격과 채권의 수익률 또는 이자율은 역관계이다.

14 A국가의 물가는 3% 상승하고, B국가의 물가는 5% 하락한다. 그리고 명목환율이 12% 상승하였다면 A국가의 실질환율을 구하면?

① 4% 상승
② 4% 하락
③ 5% 상승
④ 5% 하락

정답 ①

해설 A국가의 실질환율은 $\frac{eP_B}{P_A}$ 이므로 변화율을 구하면 e의 변화율 + P_B의 변화율 − P_A의 변화율이 되어 4% 상승한다.

15 국제적으로 일물일가의 법칙이 성립한다면 미국에서 $20인 제품이 한국에서는 46,000원에 판매되고 있다. 이때 환율은?

① $1 = 1,000원
② $1 = 1,500원
③ $1 = 1,700원
④ $1 = 2,300원

정답 ④

해설 구매력 평가설에 따르면 $20 = 46,000원이 되어야 하므로 $1 = 2,300원이 된다.

16 빠른 시대 변화에 대응하기 위해 비정규 프리랜서 근로 형태가 확산되는 경제 현상을 무엇이라 하는가?

① 긱이코노미
② 솔로이코노미
③ 1코노미
④ 우버이코노미

정답 ①

해설 ① 긱 이코노미(Gig Economy) – 빠른 시대 변화에 대응하기 위해 비정규 프리랜서 근로 형태가 확산되는 경제 현상. 1920년대 미국에서 재즈 공연의 인기가 높아지자 즉흥적으로 단기적인 공연팀(gig)들이 생겨난 데서 유래한 말이다.
② 솔로 이코노미(Solo Economy) – 1인 가구를 대상으로 하는 소비 시장을 말한다.

17 **재화는 배제성과 경합성에 의해 크게 4가지로 구분된다. 다음 중 공공재와 공유자원에 대한 설명으로 옳은 것은?**

① 막히지 않는 도로는 비경합성을 가지고 있는 재화이다.
② 비배제성은 여러 사람이 재화를 동시에 사용할 수 있는 성질이다.
③ 무임승차는 재화가 비경합성을 가지고 있기 때문에 나타나는 현상이다.
④ 공유지의 비극이 나타나는 이유는 비경합성을 가지고 있는 재화가 배제성도 가지고 있기 때문이다.

정답 ①

해설 재화는 배제성과 경합성에 따라 사적 재화, 공유재, 공공재, 집단재로 나뉜다. 배제성은 대가를 지불하지 않으면 재화를 소비할 수 없도록 막을 수 있는 속성이다. 경합성은 한 사람이 특정 재화를 더 많이 소비하면 다른 사람들은 덜 소비해야 하는 특성을 말한다. 공원, 가로등과 같은 공공재는 비배제성과 비경합성을 가진 자원이다. 바닷속의 물고기와 같은 공유재는 경합성은 있으나 배제성은 없다. 이 때문에 공유지의 비극 현상이 나타난다. 무임승차는 비배제성 때문에 발생한다.

18 **대출 금융기관이 채권 회수 위험을 담보하기 위해 가입하는 보험적 성격을 갖는 신용파생상품으로 채무자가 파산해 채권을 상환받을 수 없을 때 돈을 대신 물어주기로 하는 약정을 표준화한 상품이다. 이 상품은 부도위험이 특정 금융회사에 집중되는 것을 막고 다수 투자자에게 분산시켜주는 기능을 한다. 그러나 이 상품을 매매할 수 있게 되면서 위험회피의 본래 목적을 벗어나 투기목적으로 변질되기도 했다. 이전 미국 서브프라임 모기지 사태가 확산되는데 핵심적인 역할을 한 상품이라는 지적을 받았다.**

① 선물환
② CDS(신용디폴트스와프)
③ 모기지
④ CP(Corporate Paper)

정답 ②

해설 CDS는 신용파생상품의 기본적인 형태로 채권이나 대출금 등 기초자산의 신용위험을 전가하고자 하는 사람이 일정한 수수료(CDS 프리미엄)를 지급하고 부도 위험을 떠넘길 수 있는 상품이다. 기초자산의 신용위험이 커질수록 CDS 프리미엄이 상승한다.
모기지는 주택담보대출이며 이를 담보로 증권을 발행한 것이 주택저당증권(MBS)이다.
선물환은 미래의 어떤 시점에 현재 미리 약속한 가격으로 물건을 거래하는 것을 말한다. CP는 기업어음이다.

19 **지급준비율 인상이 통화량 공급에 어떤 영향을 미치는지 알아보기 위하여 어떤 경제에 1만원짜리 지폐 300장이 있다고 가정하자.단 은행은 법정지급준비금만 보유하고 나머지를 전액 대출하며, 대출금 전액은 다른 은행에 예금된다. 경제 구성원들이 모든 화폐를 요구불예금의 형태로 보유하고 있는 상태에서 지급준비율이 연 4%에서 5%로 1%포인트 인상되면 통화량 M2는 얼마만큼 감소하는가?**

① 10만원
② 30만원
③ 1,000만원
④ 1,500만원

정답 ④

해설 중앙은행이 공급한 본원통화는 예금은행의 신용창출과정을 통해 통화량을 수십 배로 불린다. 본원통화 한 단위가 몇 배의 통화를 창출하는지 나타내는 지표를 통화승수(money multiplier)라고 한다.
통화승수는 지급준비율의 역수로 표시된다. 지급준비율이 4%일 때 통화승수는 25이다. 따라서 통화량은 25×300만원=7,500만원이다. 지급준비율이 5%로 인상되면 통화승수는 20으로 작아지고, 통화량은 20×300만원=6,000만원으로 줄어든다. 결국 지급준비율 1%포인트 인상에 따른 통화량 감소분은 1,500만원이다.

20 **다음은 우리나라 예금보험제도에 대한 설명이다. 옳지 않은 것은?**

① 은행, 저축은행, 보험사, 증권사 등은 예금보험제도에 가입해 있다.
② 단위농협(지역농협)은 예금보험 대상이 아니지만 농협중앙회는 예금보험 대상이다.
③ A저축은행과 B저축은행은 신용도가 달라도 예금보험공사에 내는 예금보험료는 동일하다.
④ 예금보험제도에 가입한 금융회사가 파산하면 예금보험공사가 이자를 포함해 금융회사당 최대 5,000만원의 예금을 보장해준다.

정답 ③

해설 예금보험제도는 금융시스템의 건전성 유지를 위한 것이다. 예금, 적금, 개인이 가입한 보험 등이 예금보호 대상이며 주식, 펀드와 같은 투자형 상품은 보호 대상이 아니다. 금융회사 파산 시 예금 대지급 한도는 금융회사당 원금과 이자를 합쳐 1인당 5,000만원이다. 예금보험공사가 금융회사로부터 예금보험료를 받아 예금보험기금에 적립한 뒤 가입 금융회사가 파산할 경우 예금보험금을 대신 지급하는 구조다. 금융사들이 내는 예금보험료는 금융회사별로 다른데 신용도가 낮은 금융사일수록 요율이 높다. 은행, 보험사, 저축은행, 농수협 중앙회 등이 가입해 있다. 새마을금고나 신용협동조합, 지역 농협과 수협 등은 예금보험에 가입해 있지 않고 자체 기금으로 예금을 보호한다.

21 귤 1개의 가격이 50원에서 60원으로 오를 때 귤의 수요량이 100개에서 80개로 줄었다. 수요의 가격탄력성은 얼마인가?

① 0.5
② 1.0
③ 1.5
④ 2.0

정답 ②

해설 수요의 가격탄력성 $e_p = -\frac{-20}{10} \times \frac{50}{100} = 1$

22 다음과 같이 X재와 Y재의 두 가지 재화만을 생산하는 국민경제에서 비교연도의 GDP 디플레이터는 기준연도에 비하여 어떻게 변하였는가?

	기준연도		비교연도	
재화	수량	시장가격	수량	시장가격
X	3	10	4	20
Y	3	30	2	10

① 20% 상승
② 10% 상승
③ 20% 하락
④ 10% 하락
⑤ 변동 없음

정답 ⑤

해설 기준연도는 명목 GDP와 실질 GDP가 항상 같기 때문에 GDP 디플레이터는 100이 된다.
비교년도의 명목 GDP는 100이고, 실질 GDP 또한 100이기 때문에 비교년도의 GDP 디플레이터도 100이 된다.
따라서 비교년도의 GDP 디플레이터는 기준년도에 비하여 변동이 없다.

23 자원부국이 자원 수출에 따른 외국 자본 유입으로 일시적 호황을 누리지만, 이로 인해 제조업이 제대로 발달하지 못하면서 결국 경기 침체에 빠지는 현상을 뜻하는 용어다. 유가 상승으로 반짝 호황을 누리다 1960~1970년대 급랭한 나라의 실제 사례에서 유래한 이 용어는?

① 그리스병
② 스웨덴병
③ 벨기에병
④ 뉴질랜드병
⑤ 네덜란드병

정답 ⑤

해설 네덜란드병은 1950년대 말 북해에서 대규모 천연가스 유전을 발견한 네덜란드가 당시에는 에너지가격 상승에 따라 막대한 수입을 올렸지만, 시간이 지나면서 통화가치 급등과 물가 상승, 급격한 임금 상승을 유발하고, 석유제품을 제외한 제조업 경쟁력을 떨어뜨려 극심한 경제적 침체를 맞았던 역사적 경험에서 유래된 용어다. 특정 자원이 풍부한 것이 오히려 경제발전을 저해시킨다는 논리다. '자원의 저주'라고도 한다.

24 다음에서 설명하는 금융상품은?

> 주식으로 바꿀 수 있는 채권으로, 영어 약자로는 CB라고 부른다. 처음 발행할 땐 일반적인 채권과 같지만 일정 기간이 지난 뒤 주가가 상승하면 주식으로 교환해 차익을 얻을 수 있다.

① 이표채
② 전환사채
③ 후순위채권
④ 상장지수펀드
⑤ 신주인수권부사채

정답 ②

해설 전환사채(CB · Convertible Bond)는 주식과 채권의 성격을 모두 가진 금융상품이다. 일정한 조건에 따라 채권을 발행한 회사의 주식으로 전환할 수 있는 권리가 부여된 채권이다.

25 경제 분야에서는 물가안정을 위해 고금리 기조를 유지해야 한다는 신념을 가진 사람들을 이 동물에 빗대어 부른다. 어떤 동물일까?

① 매
② 곰
③ 개미
④ 황소
⑤ 비둘기

정답 ①

해설 경제정책 관점에서 물가 안정을 위해 금리 인상과 양적완화 축소를 주장하는 사람들을 매파라고 부르고, 경기부양과 성장을 위해 금리 인하와 양적완화 확대를 강조하는 세력을 비둘기파라고 부른다.

26 한국은행은 2008년 3월 통화정책 운용체계를 '콜금리 목표제'에서 '한국은행 기준금리 목표제'로 변경했다. 한국은행 기준금리의 대상이 되는 금리는?

① 양도성예금증서(CD) 91일물
② 환매조건부채권(RP) 7일물
③ 3년만기 국고채
④ 5년만기 국고채
⑤ 3년만기 회사채

정답 ②

해설 한국은행이 통화량 조절 기준으로 사용하는 금리는 콜금리에서 환매조건부채권(RP) 7일물금리로 바뀌었다. 콜금리는 은행들 간에 매일매일 거래되는 자금의 이자율이고 환매조건부채권 7일물금리는 한국은행이 다시 매입하는 조건으로 발행하는 만기 7일의 채권 금리다.

27 다음 자료에 나타난 실업과 그에 대한 설명으로 옳지 않은 것은?

- 경희: 중국 기업의 덤핑 수출 여파로 회사 경영이 나빠져 일자리를 잃었다.
- 승연: 적성에 더 맞는 일자리를 찾기 위해 사직했다.
- 익훈: 공장 설비 자동화로 소속 부서가 사라지면서 일자리를 잃었다.

① 경희와 익훈이의 실업은 구조적 실업에 해당한다.
② 경희와 익훈이의 실업은 비자발적 실업에 해당한다.
③ 승연이의 실업은 마찰적 실업으로 경기가 호황일 때도 발생할 수 있다.
④ 익훈이는 새로운 직업에 대한 교육이나 훈련을 받으면 실업 상태에서 벗어날 수 있다.
⑤ 익훈이의 실업은 스마트폰 보급으로 MP3 플레이어 업체에서 일하던 근로자가 직장을 잃는 실업과 유사하다.

정답 ①

해설 경희는 경기적 실업, 승연은 마찰적 실업, 익훈은 구조적 실업에 해당한다. 경기적 실업은 경기 침체로 일자리가 부족해 생기는 실업이고, 구조적 실업은 경제나 산업 구조의 변화에 따라 발생하는 실업이다. 경기적 실업과 구조적 실업은 비자발적 실업이지만 마찰적 실업은 자발적 실업이다. 구조적 실업은 새로운 직업에 대한 교육이나 훈련을 받으면 실업 상태에서 벗어날 수 있다.

28 인플레이션에 의해 나타날 수 있는 현상으로 보기 어려운 것은?

① 물가 불안
② 메뉴비용 발생
③ 통화가치 하락
④ 총요소생산성 상승
⑤ 단기적인 실업률 하락

정답 ④

해설 인플레이션으로 발생할 수 있는 사회적 비용에는 구두창비용, 메뉴비용, 자원배분의 왜곡 등이 있다. 물가가 지속적으로 상승하면 경제주체들은 통화가치가 하락할 것으로 예상해 현금 보유를 줄인다. 현금 보유를 줄이는 데 드는 비용을 '구두창비용'이라고 한다. 이는 은행에 자주 갈수록 구두창이 더 빨리 닳아 없어진다는 비유적인 표현이다.
메뉴비용은 기업들이 가격을 자주 변동하면서 발생하는 비용이다. 또 인플레이션으로 재화의 상대가격이 왜곡되면 소비자들의 의사결정에도 왜곡을 초래하게 돼 시장 자원을 효율적으로 배분할 수 없게 된다.
인플레이션으로 총요소생산성이 상승하기는 매우 어렵다.

29 **다음 중 금융기관이 파산했을 때 예금자보호제도를 적용받지 않아 원금에 손실이 날 수 있는 금융상품은?**

① 보통예금
② 정기적금
③ 적립식 펀드
④ 정기예금
⑤ 연금보험

정답 ③

해설 예금 지급이 보장되는 금융상품은 부보 금융회사가 판매하는 상품 중 만기에 원리금 지급이 보장되는 상품이다. 정기예금, 정기적금, 보통예금, 개인이 가입한 보험상품, 퇴직보험 등이 포함된다.

30 **국내기술로 개발된 초전도핵융합연구장치를 무엇이라 하는가?** (2019년)

① KASE
② KSLV
③ KRVV
④ KVSTA
⑤ KSTAR

정답 ⑤

해설 '케이스타(KSTAR)'는 'Korea Superconducting Tokamak Advanced Research'의 약자로 최첨단 핵융합 연구를 위해 한국에서 만든 초전도 토카막이라는 뜻이다. 또한 핵융합반응으로 스스로 빛을 내는 별처럼, 한국이 전 세계에 내세울 수 있는 자랑스러운 핵융합 장치라는 뜻도 있다

31 다음 재무상태표를 바탕으로 계산한 경영비율 중 옳지 않은 것은? (2019년)

재무상태표(2018년 12월 31일 현재)

유동자산	20억	부채	20억
• 현금	4억	• 유동부채	10억
• 매출채권	10억	• 비유동부채	10억
• 재고자산	6억		
		자본	20억
비유동자산	20억	• 자본금	10억
• 유형자산	15억	• 자본잉여금	5억
• 무형자산	5억	• 이익잉여금	5억
		(당기순이익 1억 포함)	
자산총계	40억	부채와 자본총계	40억

① 자기자본순이익률(ROE)은 5.0%이다.
② 유동비율은 200%이다.
③ 자기자본비율은 50%이다.
④ 총자산순이익률(ROA)은 5.0%이다.

정답 ④

해설 자기자본순이익률 = 당기순이익 / 자기자본 = 1억 / 20억 = 5.0%
유동비율 = 유동자산 / 유동부채 = 20억 / 10억 = 200%
자기자본비율 = 자기자본 / 자산 = 20억 / 40억 = 50%
총자산순이익률 = 당기순이익 / 자산 = 1억 / 40억 = 2.5%

32 A기업의 재무상태표가 다음과 같다고 한다. 이때 이 기업의 부채비율을 구하면? (단위: 원) (2019년)

재무상태표(2015년 12월 31일 현재)

유동자산	30억	부채	(　　)억
• 현금	14억		
• 매출채권	10억		
• 재고자산	6억	자본	40억
		• 자본금	30억
비유동자산	20억	• 자본잉여금	5억
• 유형자산	15억	• 이익잉여금	5억
• 무형자산	5억	(당기순이익 1억 포함)	

① 20%
② 25%
③ 50%
④ 100%

정답 ②

해설 부채비율은 부채총액을 자기자본으로 나눈 비율(부채총액 / 자기자본)이다.
자산(유동자산 + 비유동자산)은 자본 + 부채이므로 자본이 40억일 때 부채는 10억이다.
따라서 부채비율은(10억 / 40억) × 100% = 25%이다.

33 다음은 무상증자나 주식배당을 실시한 기업에 대한 직접적인 효과를 열거한 것이다. 옳은 것을 모두 고르면? (2019년)

가. 유동자산의 증가	나. 자기자본의 증가
다. 자본금의 증가	라. 잉여금의 감소

① 가, 나
② 가, 다
③ 나, 다
④ 다, 라

정답 ④

해설 무상증자와 주식배당을 실시하는 재원은 잉여금이다.
잉여금은 기업회계 상 자기자본 중 자본금을 초과하는 금액을 말한다.
잉여금에는 기업이 장사를 잘해서 얻은 이익을 사내에 쌓아두어 생긴 이익잉여금, 회사가 영업 이외의 활동으로 얻은 이익금인 자본잉여금이 있다.
자본금은 기업의 소유자가 사업 밑천으로 기업에 제공한 돈이다. 주식회사의 경우 발행주식의 액면총액을 의미한다.
무상증자와 주식배당은 잉여금을 자본금으로 전입하는 것이다.
따라서 자본금은 증가하고 잉여금은 감소한다. 자본내에서 변화가 발생하므로 자기자본에는 변화가 없다.

34 다음 글이 설명하고 있는 펀드와 주가지수를 순서대로 올바르게 짝지은 것을 고르시오. (2019년)

> 가. 주가지수에 영향력이 큰 종목 위주로 편입해 수익률이 주가지수를 따라가게 만든 투자상품이다. 업종 대표 종목들에 분산 투자해 주식시장을 '복제'하는 형태로 만들어졌다.
> 나. 우리나라 유가증권시장에서 거래되는 200개 상장 종목을 대상으로 산출하는 주가지수이다. 한국을 대표하는 주식 200개 종목의 시가총액을 지수화한 것이다.

① 인덱스 펀드 – 코스닥200 지수
② 상장지수펀드(ETF) – 스타지수
③ 인덱스 펀드 – 코스피200 지수
④ 액티브 펀드 – 코스피200 지수

정답 ③

해설 인덱스 펀드와 코스피200 지수에 대한 설명이다.

35 '다수를 구하기 위해 소수를 희생하는 것이 도덕적으로 허용되는가'라는 사고(思考) 실험을 무엇이라 하는가? (2019년)

① 트롤리딜레마
② 유동성딜레마
③ 트리핀딜레마
④ 트릴레마

정답 ①

해설 미국의 마이클 샌델(Michael Sandel)이 〈정의란 무엇인가(JUSTICE: What's the right thing to do?)〉(2008)에서 언급해 화제가 된 이 딜레마의 내용을 요약하면 이렇다. "당신은 폭주하는 열차를 다리 위에서 내려다보고 있다. 철로 위엔 5명의 인부들이 작업 중이고, 그 광경을 지켜보는 당신 옆엔 엄청나게 뚱뚱한 사람이 서 있다. 만약 당신이 그 사람을 밀어 철로 위로 떨어뜨린다면 5명의 인부들을 구할 수 있다. 당신이라면 어떻게 하겠는가?" 상황에 따라 판단이 쉽지 않은 윤리적 문제이다.

36 국제 표준이나 세계 시장의 변화를 고려하지 않고 자신들의 양식이나 기술만 고수하다가 세계시장에서 고립되는 현상을 무엇이라 하는가? (2019년)

① 카산드라 신드롬
② 피터팬 신드롬
③ 갈라파고스 신드롬
④ 쿠바드 신드롬

정답 ③

해설 카산드라 신드롬은 선견지명은 있으나 장차 일어날 불행을 막거나 대비할 수 없는 입장을 말한다.
피터팬 신드롬은 어른이 돼도 영원히 아이 상태에 머무르고 싶어하는 남자들의 심리를 말한다.
갈라파고스 신드롬은 어떤 사회가 고립되어 세계화에 멀어지는 모습을 말합니다.
쿠바드 신드롬은 임신한 아내를 둔 남자가 마치 자신도 임신한 것처럼 육신의 고통을 함께 체험해가는 것을 가리키는 용어이다.

37 정부가 2019년 하반기에 비상장 벤처기업에 한해 다음과 같은 제도를 실시할 수 있도록 관련 법을 개정하겠다고 발표했다. (2019년)

해당 제도는 대주주 또는 창업자가 가진 주식에 대해 일반 주식(보통주)보다 더 많은 의결권을 인정하는 제도다.

① 차등의결권 제도
② 그린메일
③ 곰의 포옹
④ 포이즌필

정답 ①
해설 차등의결권은 상법의 원칙인 '1주 당 의결권 1개'가 아니라 주식마다 차등을 둬 각기 다른 수의 의결권을 부여하는 개념이다.

38 세계 최대 규모의 해당기업이 사업을 확장하고, 그 분야에서도 승승장구하면서 기업들에게 안기는 공포를 뜻하는 신조어는 무엇이라 하는가? (2019년)

① 애플 효과
② 월마트 효과
③ 이베이 효과
④ 아마존 효과

정답 ④
해설 세계 최대의 유통기업인 아마존이 사업을 확장하고, 그 분야에서도 승승장구하면서 기업들에게 안기는 공포를 뜻하는 신조어를 말한다.

2 IBK 기업은행(2018년 ~ 2019년)

01 DTI에서 D가 의미하는 것은 무엇인가?

① Domestic
② Debt
③ Done
④ Derived

정답 ②

해설 DTI(Debt To Income) – 총부채상환비율은 주택담보대출을 받을 때 연간 상환해야 하는 금액을 연 소득의 일정 비율로 제한한 것이다.

02 GDP의 G가 의미하는 것은 무엇인가?

① Gross
② Ground
③ Group
④ Grow

정답 ①

해설 국내 총생산(gross domestic product / GDP) – 일정 기간 동안 한 나라의 영토 안에서 생산된 최종 재화와 서비스의 시장 가치의 총액을 말한다.

03 인간에게 쉬운 것은 컴퓨터에게 어렵고 반대로 인간에게 어려운 것은 컴퓨터에게 쉽다는 역설을 무엇이라 하는가? (2019년)

① 쿠즈네츠의 역설
② 아담 스미스의 역설
③ 모라벡의 역설
④ 알레의 역설

정답 ③

해설 미국의 로봇 공학자인 한스 모라벡(Hans Moravec)이 1970년대에 '어려운 일은 쉽고, 쉬운 일은 어렵다.(Hard problems are easy and easy problems are hard.)'는 표현으로 컴퓨터와 인간의 능력 차이를 역설적으로 표현하였다.

04 다음의 서술 중 옳지 않은 것은? (2019년)

① 로렌츠 곡선이 대각선에 가까울수록 소득분배는 평등하다.
② 지니계수는 0과 1사이의 값을 취한다.
③ 지니계수는 값이 1에 가까울수록 소득분배는 평등하다.
④ 십분위분배율은 0과 2사이의 값을 가지며 값이 커질수록 소득분배는 평등하다.

정답 ③
해설 지니계수의 값이 1에 가까울수록 소득분배는 불평등하다.

05 대법관의 수는 몇 명인가? (2019년)

① 4명 ② 6명
③ 10명 ④ 14명

정답 ④
해설 대법관의 수는 대법원장을 포함하여 14명으로 구성된다.

06 인터넷 시장에서 플랫폼 비즈니스의 4대 기수를 의미하는 약자는? (2019년)

① GAFA ② LGBT
③ WASP ④ BRICs

정답 ①
해설 GAFA – Google, Apple, Facebook, Amazon
LGBT – 성소수자인 Lesbian Gay Bisexual Transexual
WASP – 앵글로색슨계 미국 신교도를 줄인 말로 흔히 미국 주류 지배계급을 뜻한다. 'White Anglo-Saxon Protestant'의 약자
BRICs – 브라질 · 러시아 · 인도 · 중국 등 신흥 4개국

07 달러인덱스에 포함되지 않는 통화는? (2019년)

① 유로화 ② 엔화
③ 파운드화 ④ 위안화

정답 ④
해설 미국 달러 인덱스는 세계 주요 6개국 통화와 비교하여 미국 달러의 평균적인 가치를 지표화 시킨 것을 말한다.
세계 주요 6개국 통화란 유럽의 유로, 일본의 엔, 영국의 파운드, 캐나다의 달러, 스웨덴의 크로네, 스위스의 프랑을 말한다.

08 기업들이 환율변동 위험을 피하기 위해 하는 거래의 하나가 선물환거래이다. 선물환 거래에 대한 다음 설명 중 옳지 않은 것은? (2019년)

① 기업들은 달러화 가치가 하락할 것으로 예상하는 경우 선물환을 매수하게 된다.
② 선물환 거래란 미래 특정 외화의 가격을 현 시점에서 미리 계약하고 약속한 미래 시점에 계약대로 이행하는 금융거래이다.
③ 수출업체가 선물환을 매도했을 경우 계약 상대방인 금융회사는 그때부터 만기까지 환율변동위험에 노출된다.
④ 달러를 현재 정한 환율로 미래 일정시점에 팔기로 계약하면 선물환 매도, 금융회사가 달러를 현재 정한 환율로 미래 일정 시점에 사기로 계약하면 선물환 매수라고 한다.

정답 ①

해설 선물환 매수는 금융회사가 달러를 현재 정한 환유로 미래 일정 시점에 사기로 계약하는 것이다. 따라서 달러화 가치가 앞으로 상승할 것으로 예상되면 선물환을 매도하게 된다.

09 법정지급준비율이 20%인 경우, 은행이 예금을 추가로 100 받았을 때 초과지급준비금은 얼마인가? (2019년)

① 100
② 80
③ 50
④ 20

정답 ②

해설 예금을 추가로 100을 받게 되면 은행은 이 중 법정지급준비금으로 20%인 20을 적립해야 한다. 나머지 80을 초과지급준비금으로 계상하여 대출 등이 가능해진다.

10 다음은 '리우 기후변화협약'에 관한 설명이다. 바르지 않은 것은? (2019년)

① 지구온난화를 줄이기 위한 협약이다.
② 1992년 브라질의 리우데자네이루에서 체결되었다.
③ 이산화탄소를 비롯한 온실기체 감소에 주요한 목적이 있다.
④ 법적 구속력이 있다.

정답 ④

해설 강제성을 띠고 있지 않아 법적 구속력이 없다.

11 **'무료쿠폰 제공', '돌잔치 초대장' 등을 내용으로 하는 문자메시지내 인터넷주소 클릭하면 악성코드가 설치되어 소액결제 피해 발생 또는 개인 · 금융정보 탈취하는 수법을 무엇이라 하는가?** (2019년)

① 그레이웨어 ② 피싱
③ 스미싱 ④ 파밍

정답 ③

해설 스미싱(smishing)이란 문자메시지(SMS)와 피싱(Phishing)의 합성어로, '무료쿠폰 제공', '돌잔치 초대장', '모바일 청첩장' 등을 내용으로 하는 문자메시지내 인터넷주소 클릭하면 → 악성코드가 스마트폰에 설치되어 → 피해자가 모르는 사이에 소액결제 피해 발생 또는 개인 · 금융정보 탈취하는 것을 말한다.

12 **기업 가치가 10억 달러 이상인 스타트업 기업을 무엇이라 하는가?** (2019년)

① 유니콘 기업 ② 가젤기업
③ 히든챔피언 ④ 코끼리 기업

정답 ①

해설 가젤 기업 – 매출액이 과거 3년 연속 평균 20% 이상 지속적으로 고성장한 중소 기업
히든챔피언 – 대중에게 잘 알려져 있지 않지만 각 분야의 세계시장을 지배하는 우량 기업
코끼리 기업 – 효율성을 추구하며 종종 해고를 하는 기업

13 **개연성이 높고 파급력이 크지만 사람들이 간과하는 위험을 뜻하는 용어를 무엇이라 하는가?** (2019년)

① 블랙스완 ② 그레이스완
③ 흰색코끼리 ④ 회색코뿔소

정답 ④

해설 지속적인 경고로 충분히 예상할 수 있지만 쉽게 간과하는 위험 요인을 말한다. 코뿔소는 멀리서도 눈에 잘 띄며 진동만으로도 움직임을 느낄 수 있지만 정작 두려움 때문에 아무것도 하지 못하거나 대처 방법을 알지 못해 일부러 무시하는 것을 비유한 말이다.
블랙스완 – 일어날 가능성은 매우 적으나 일단 사건이 일어나면 엄청난 파급효과를 가져오는 일을 말한다.
그레이스완 – 이미 알려진 악재이나 대처방안이 모호하여 위험요인이 계속 존재하는 상태
흰색코끼리 – 겉으로 보기에는 좋아보이지만 돈만 먹는 실속이 없는 애물단지

PART 01. 경제용어
PART 02. 은행권 최신 기출문제
PART 03. 예상적중문제
PART 04. 경제 및 금융 시사이슈

14 보수적인 회계처리를 통해 과거의 부실을 한꺼번에 실적에 반영하는 것을 무엇이라 하는가? (2019년)

① 빅 배스(big bath) ② 팻 핑거(fat finger)
③ 어닝 쇼크(earning shock) ④ 윈도 드레싱(window dressing)

정답 ①

해설 '빅 배스(big bath)'는 '목욕을 깨끗하게 해 몸에서 더러운 것을 없앤다'는 뜻에서 유래한 말이다.
'팻 핑거(fat finger)'는 굵은 손가락을 뜻하는 것으로 금융상품 트레이더들이 주문을 잘 못 입력해 발생하는 주문 실수를 가리키는 용어다.
'어닝 쇼크(earning shock)'는 기업이 시장에서 예상했던 것보다 저조한 실적을 발표하여 주가에 영향을 미치는 현상을 일컫는 경제용어다.
'윈도 드레싱(window dressing)'은 기관투자가들이 결산기에 투자수익률을 올리기 위해 주식을 집중적으로 사고파는 행위를 말한다.

15 세율과 조세수입간의 관계를 나타내는 곡선을 무엇이라 하는가? (2019년)

① 래퍼곡선 ② 수요곡선
③ 엥겔커브 ④ 쿠즈네츠곡선

정답 ①

해설 래퍼곡선(Laffer curve)은 세율과 조세수입(세수) 간 관계를 나타내는 그래프로 미국 경제학자 아서 래퍼가 주장한 것이다. 역 U자형 모양을 띈다.

16 다음 글이 설명하는 인수합병(M&A) 용어는? (2019년)

투기성 자본이 경영권이 취약한 기업의 지분을 사들인 뒤 대주주에게 M&A 포기 대가로 높은 가격에 지분을 되살 것을 요구하는 행위

① 황금낙하산 ② 그린메일
③ 곰의 포옹 ④ 포이즌필

정답 ②

해설 황금낙하산 – 인수 대상 기업 임원이 회사의 인수 또는 합병으로 사임할 경우 거액의 퇴직금과 스톡옵션 등을 받을 권리를 고용계약에 기재하는 것을 말한다.
곰의 포옹 – 기업 매수자가 사전 경고 없이 목표 기업의 경영진에 편지를 보내 매수 제의를 하는 것을 말한다. 마치 곰이 몰래 껴안듯이 공포 분위기를 조성하면서 매수조건을 제시한다고 해서 붙은 이름이다.
포이즌필 – 공격 받는 기업이 기존 주주들에게 시가보다 싼 값에 주식을 살 수 있는 권리를 주는 것을 말한다.

17 상호 첩보 동맹을 맺고 있는 파이브아이즈(five eyes)에 속하지 않는 국가는? (2019년)

① 미국 ② 영국
③ 뉴질랜드 ④ 일본

정답 ④

해설 다섯 개의 눈(Five Eyes ; 파이브 아이즈)은 상호 첩보 동맹을 맺고 있는 미국, 영국, 캐나다, 오스트레일리아, 뉴질랜드 5개국을 이르는 말이다. 이들 국가는 모두 영미법을 따르기 때문에 법률상 공조가 용이하다.

18 다음 중 공자의 사상과 관계 있는 것은? (2019년)

① 인 · 예 ② 의 · 예
③ 예 · 경 ④ 성 · 경

정답 ①

해설 공자는 최고의 덕을 '인'이라고 보고, 인은 "사람을 사랑하는 것"이라고 정의했다.
또한 인의 실천을 위해서는 '예'라는 형식을 밟을 필요가 있다고 하였다.

19 다음은 당기에 배당금의 선언이나 지급이 없었던 A주식회사의 회계 자료다. 이를 바탕으로 당기순이익을 계산하면? (2019년)

• 기초자산 800원	• 기초자본 500원
• 기중 유상증자 300원	• 기말자산 900원
• 기말자본 800원	

① 0원 ② 100원
③ 200원 ④ 300원

정답 ①

해설 회사가 유상증자를 하거나 이익을 내면 자본이 늘어나게 된다. A회사의 기초자본(500원)과 기말자본(800원)의 차이는 300원으로, 이는 기중 유상증자한 금액과 같다. 따라서 당기순이익은 0원이다. 자산은 자본과 부채로 구성되므로 이 회사의 기초부채는 300원(기초자산 800원–기초자본 500원), 기말부채는 100원(기말자산 900–기말자본800)으로 추정할 수 있다. 유상증자한 자금 300원을 활용해 부채 200원을 상환한 셈이다.

20 **다국적 IT업체가 세율이 높은 국가에서 얻은 수익을 지식재산권 사용료, 이자 등의 명목으로 세율이 낮은 국가의 자회사로 넘겨 세금을 회피하는 것을 막을 목적으로 부과하는 세금을 무엇이라 하는가?** (2019년)

① 구글세 ② 유튜브세
③ 애플세 ④ 아마존세

정답 ①

해설 구글세(Google Tax) – 다국적 IT기업의 독과점 및 조세회피 문제를 해결하기 위해 부과하는 세금과 이들이 사용하는 콘텐츠에 대해 부과하는 이용 요금을 통틀어 일컫는 말

21 **기업이 자금을 조달하는 방식 중 직접금융이 아닌 것은?** (2019년)

① 은행 대출 ② 주식 발행
③ 회사채 공모 ④ 전환사채(CB) 발행

정답 ①

해설 기업이 자금주로부터 직접 자금을 조달하는 것을 직접금융이라고 하고 은행 등 금융회사를 거쳐 자금을 조달할 때는 간접금융이라고 한다. 주식, 회사채, 신주인수권부사채 등의 발행은 모두 직접금융에 해당한다.

22 **다음은 무엇에 대한 설명인가?** (2019년)

대출 금융기관이 채권 회수 위험을 담보하기 위해 가입하는 보험적 성격을 갖는 신용파생상품으로 채무자가 파산해 채권을 상환 받을 수 없을 때 돈을 대신 물어주기로 하는 약정을 표준화한 상품이다. 이 상품은 부도위험이 특정 금융회사에 집중되는 것을 막고 다수 투자자에게 분산시켜주는 기능을 한다. 그러나 이 상품을 매매할 수 있게 되면서 위험회피의 본래 목적을 벗어나 투기목적으로 변질되기도 했다. 최근 미국 서브프라임 모기지 사태가 확산되는데 핵심적인 역할을 한 상품이라는 지적을 받고 있다.

① 선물환
② CDS(신용디폴트스와프)
③ 모기지
④ CP(Corporate Paper)

정답 ②

해설 CDS는 신용파생상품의 기본적인 형태로 채권이나 대출금 등 기초자산의 신용위험을 전가하고자 하는 사람이 일정한 수수료(CDS 프리미엄)를 지급하고 부도 위험을 떠넘길 수 있는 상품이다. 기초자산의 신용위험이 커질수록 CDS 프리미엄이 상승한다.

23 다음에서 설명하는 용어는? (2019년)

> 주주총회 결의에 필요한 참석 주식 수가 모자라 주총이 무산되지 않도록 하기 위해 한국예탁결제원이 참석하지 않은 주주들의 투표권을 대신 행사하는 제도. 예탁결제원은 의사 결정에 영향을 미치지 않기 위해 주총에서의 찬성과 반대 비율대로 의결권을 행사한다.

① 섀도 보팅
② 집중 투표제
③ 황금주 제도
④ 차등의결권 제도

정답 ①

해설 섀도 보팅(shadow voting) – 정족수 미달로 주주총회가 무산되지 않도록 주권을 보관하고 있는 한국예탁결제원이 참석하지 않은 주주들의 투표권을 대신 행사하는 제도다. 일종의 의결권 대리행사로, 예탁결제원은 주총에 참석한 주주들의 찬성・반대 비율과 똑같은 비율로 미참석 주주들의 의결권 의사를 표시한다.
집중투표제 – 주주총회에서 이사진을 선임할 때 1주당 1표씩 의결권을 주는 방식과 달리, 선임되는 이사 수만큼 의결권을 부여하는 제도
황금주 제도 – 거부권을 행사할 수 있는 권한을 가진 특별주를 보유하는 제도
차등의결권 제도 – 주식 종류별로 의결권에 차등을 두는 것이다. 유럽이나 미국 등에선 경영권 보호를 위해 허용되지만 국내에선 허용되지 않고 있다.

24 지렛대 효과로 타인의 자본을 통해 자기자본 이익률 극대화를 가져다 주는 펀드를 무엇이라 하는가? (2019년)

① 재간접펀드
② 레버리지 펀드
③ 리츠
④ 인덱스펀드

정답 ②

해설 재간접펀드 – 주식이나 채권 등에 투자하는 펀드에 재투자하는 펀드다. 여러 펀드에 분산투자해 위험을 최소화하면서 수익을 추구한다.
리츠 – 부동산 투자를 위한 뮤추얼 펀드라고 할 수 있다. 투자자 입장에서는 전문가들의 관리 아래 상업용 부동산 등에 투자하여 가치를 증진시키는 것이 목적이다. 부동산에 직접 투자시 나타날 수 있는 제반 문제도 회피할 수 있다.
인덱스펀드는 지수에 투자하는 펀드로서 지수의 움직임에 맞춰 수익률을 제공한다.

3 우리은행(2018년 ~ 2019년)

01 나라의 화폐를 가치의 변동 없이 모든 은행권 및 지폐의 액면을 동일한 비율의 낮은 숫자로 표현하는 것은?

① 리디노미네이션 ② 평가절하
③ 화폐개혁 ④ 평가절상

정답 ①

해설 리디노미네이션(redenomination)이란 한 나라의 화폐를 가치변동 없이 모든 은행권과 지폐의 액면을 동일한 비율의 낮은 숫자로 표현하거나 이와 더불어 새로운 통화단위로 화폐의 호칭을 변경하는 것을 말한다.

02 주택금융공사에서 개발한 상품으로 은행에 집을 담보로 맡기고 매달 일정액을 받는 연금 상품을 무엇이라 하는가?

① 주택 연금 ② 담보 연금
③ 은행 연금 ④ 노령 연금

정답 ①

해설 장기주택저당대출이며 흔히 주택연금이라고 한다. 주택은 있으나 특별한 소득원이 없는 경우 고령자가 주택을 담보로 사망할 때까지 자택에 거주하면서 노후 생활자금을 연금 형태로 지급받고 사망하면 금융기관이 주택을 처분해 그동안의 대출금과 이자를 상환받는 방식이다. 금융사가 부동산을 담보로 주택저당증권(MBS)을 발행해 장기주택자금을 대출해주는 제도인 모기지론과 자금 흐름이 반대이기 때문에 역모기지론이라고 한다.
구체적으로 만 60세 이상(부부기준 9억원 이하 주택소유자)의 고령자가 소유주택을 담보로 맡기고 평생 혹은 일정한 기간 동안 매월 연금방식으로 노후생활 자금을 지급받는 국가 보증의 금융상품(역모기지론)이며 이를 위하여 주택금융공사는 연금 가입자를 위해 은행에 보증서를 발급하고 은행은 공사의 보증서에 의해 가입자에게 주택연금을 지급한다.

03 벤 버냉키 전 FRB 의장이 실시한 양적완화 축소를 일컫는 용어는 무엇인가?

① 테이퍼 탠트럼 ② 소프트 랜딩
③ 더블딥 ④ 테이퍼링

정답 ④

해설 ① 긴축발작(Taper Tantrum) – 긴축발작은 2013년에 벤 버냉키 당시 연준 의장이 처음으로 양적 완화 축소(테이퍼링)를 시사한 뒤 신흥국 통화가치와 주가, 채권값이 대폭락하는 등 금융시장이 요동친 현상을 말한다.
② 소프트랜딩(soft landing) – 원래는 비행기가 충격을 받지 않고 사뿐히 착륙하는 것을 뜻한다. 경제계에서는 호황 혹은 위기 이후 경제를 부드럽게 안착시키는 것을 의미한다.
③ 더블딥(Double Dip) – 경기침체 이후 일시적으로 경기가 회복되다가 다시 침체되는 이중침체 현상

04 자본 이동이 자유로운 상황에서 중앙은행이 정책 금리를 인상하면 내외 금리차가 커져 해외 투자자금 유입이 늘어나면서 환율이 하락 압력을 받는다. 이때 환율을 일정 수준으로 유지하기 위해 중앙은행이 외화를 매입하면 통화량 증가, 금리 하락을 가져와 당초의 통화정책 효과를 반감시키게 된다. 이에 대응해 불태화하면 금리비용 부담이 발생하므로 통화정책의 여력을 제한할 수 있다. 한편 통화정책을 수행하면서 환율이 수출 가격 및 수입 물가 등을 통해 실물경제와 물가에 영향을 미치므로 환율 안정을 고려하지 않을 수 없다. 이에 대한 개념은?

① 트릴레마
② 미세조정
③ 상호 연계성
④ 자동안정장치

정답 ①

해설 트릴레마(trillemma)는 3중고 혹은 세 가지 딜레마라는 뜻으로 하나의 목표를 이루려다 보면 다른 두 가지 목표를 이룰 수 없는 상태를 말한다. 이는 물가안정, 경기부양, 국제수지 개선의 세 가지 정책 목표가 동시에 달성하기 어렵다는 시사경제용어로 쓰인다. 즉 물가안정에 치중하면 경기가 가라앉기 쉽고, 경기부양에 힘쓰면 인플레이션 유발과 국제수지 악화를 초래할 염려가 있다는 얘기다.

05 국가 간 무역은 각 나라가 어떤 부존자원을 많이 가지고 있는지에 따라 결정된다는 것을 보여주는 이론을 무엇이라 하는가?

① 코즈의 정리
② 리카도의 대등성 정리
③ 헥셔 – 올린 정리
④ 리카도의 비교우위론

정답 ③

해설 ① 코즈의 정리: 물건에 소유권이 분명하게 설정되고 그 소유권 거래에서 비용이 들지 않는다면 그 권리를 누가 가지든 효율적 배분에는 영향을 받지 않는다는 것을 보여주는 이론이다.
② 리카도의 대등성 정리: 정부 지출 수준이 일정할 때 정부 지출 재원 조달 방법(조세 또는 채권)의 변화는 민간 경제활동에 아무 영향도 미치지 못한다는 것을 보여주는 이론이다.
④ 리카도의 비교우위론: 각국은 비교우위에 있는 상품을 수출한다는 이론이다.

06 시장 가격에 관계없이 특정 상품을 특정 시점, 특정 가격에 매도할 수 있는 권리를 뜻하는 용어는 무엇인가?

① 풋옵션
② 콜옵션
③ 바이아웃
④ 스톡옵션

정답 ①

해설 옵션(option)은 파생상품의 하나로 미래의 일정 기간 내에 특정 상품이나 외환, 유가증권 등의 자산을 미리 정한 가격에 사거나 팔 수 있는 권리다. 옵션의 종류에는 풋옵션과 콜옵션이 있다. 풋옵션은 미리 정한 가격으로 팔 수 있는 권리이고, 콜옵션은 미리 정한 가격으로 살 수 있는 권리이다. 옵션 매수자는 꼭 사거나 팔아야 하는 거래 이행의 의무는 없다. 불리할 경우 옵션을 포기할 수 있다. 바이아웃은 차입이나 채권 발행을 통해 조달한 자금으로 기업을 인수한 후 기업 가치를 높인 뒤 되팔아 수익을 챙기는 것을 의미한다. 스톡옵션은 기업이 임직원에게 일정수량의 자기회사 주식을 시세보다 적은 금액으로 살 수 있도록 하는 제도다. 인센티브의 일종이다.

07 다음 표의 수치는 A국과 B국이 각각 X재와 Y재를 한 단위씩 생산하기 위하여 투입해야 하는 노동시간이다. 두 나라 사이의 무역에 관한 설명으로 옳은 것은?

	X재	Y재
A국	1	2
B국	5	3

① A국이 X재와 Y재를 B국에 수출한다.
② B국이 X재와 Y재를 A국에 수출한다.
③ A국은 B국에 X재를 수출하고, B국은 A국에 Y재를 수출한다.
④ A국은 B국에 Y재를 수출하고, B국은 A국에 X재를 수출한다.

정답 ③

해설 A국은 X재 생산에 따른 기회비용은 Y재 0.5이고 B국은 5/3이므로 A국은 X재에 비교우위가 있고 B국은 Y재에 비교우위가 있다.

08 미국의 과거 자료를 경험적으로 분석해 본 결과 상대적으로 자본이 풍부하다고 생각되는 미국이 자본집약적 상품을 수입하고 노동집약적 상품을 수출한다는 결과가 나왔다. 이를 무엇이라 부르는가?

① 헥셔 – 올린 정리
② 레온티에프 역설
③ 리카도 정리
④ 쿠즈네츠 역설

정답 ②

해설 레온티에프 역설이란 헥셔 – 올린 정리를 미국을 대상으로 실증 분석한 것을 말한다.

09 한국과 미국의 시장금리가 각각 연 8%와 연 4%이고, 현물환율이 1달러 당 1,200원이라고 하자. 이자율평가이론에 의하면 3개월 후 미래 현물환율은 얼마인가?

① 1,200원
② 1,212원
③ 1,220원
④ 1,224원

정답 ②

해설 한국이 미국보다 금리가 4%가 높기 때문에 현물환율이 4% 상승한다. 4%는 연금리이기 때문에 3개월로 바꾸면 1% 상승한다. 따라서 3개월 후 미래 현물환율은 1,212원이 된다.

10 삼강오륜 중 오륜이 아닌 것은? (2019년)

① 군신유의 ② 부자유친
③ 부부유별 ④ 교우이신

정답 ④
해설 세속오계 – 사군이충, 사친이효, 교우이신, 살생유택, 임전무퇴
오륜 – 군신유의, 부자유친, 부부유별, 장유유서, 붕우유신

11 노동 3권에 포함되지 않는 것은? (2019년)

① 단결교섭권 ② 단체복지권
③ 단결권 ④ 단체행동권

정답 ②
해설 노동 3권이란 노동자가 헌법상의 기본권으로 가지는 세 가지 권리로 단결권・단체교섭권・단체행동권을 말하며 근로 3권이라고도 한다.

12 순우리말 의미가 틀린 것은? (2019년)

① 애오라지 – 겨우
② 예그리나 – 사랑하는 우리사이
③ 시나브로 – 모르는 사이에 조금씩 조금씨
④ 온새미로 – 변화하는

정답 ④
해설 온새미로 – 언제나 변함없이

13 다음 중 뉴턴의 3법칙에 속하지 않는 것은? (2019년)

① 관성의 법칙 ② 만유인력의 법칙
③ 가속도의 법칙 ④ 작용 및 반작용의 법칙

정답 ②
해설 뉴턴의 3법칙이란 관성의 법칙, 가속도의 법칙, 작용 · 반작용의 법칙 등 세 가지 법칙을 말한다.
이 순서에 따라 각각 뉴턴의 제1법칙, 제2법칙, 제3법칙이라 불리기도 한다. 역학의 기본법칙을 이와 같이 세 가지로 정리한 것은 뉴턴이 『프린키피아』(1687)에서 운동의 공리(axiom)로서 열거했던 것이 최초이다.

14 필리버스터(Filibuster)란 무엇인가? (2019년)

① 다수당의 횡포
② 소수당의 의사진행 지연
③ 편법적인 선거구 획정
④ 국회의장의 의결권

정답 ②

해설 ③ 게리맨더링
④ 캐스팅보트

15 고구려에 있었던 국립교육기관으로 우리나라 최초의 학교는? (2019년)

① 경당
② 태학
③ 국자감
④ 국학

정답 ②

해설 경당 – 삼국시대 고구려의 민간 교육기관
태학 – 372년 고구려에서 설립된 교육기관으로 귀족의 자제를 대상으로 교육하였다. 고구려에서는 372년(소수림왕 2)에 국립학교로서 중앙에 설치하였다. 이것이 한국역사상 학교교육의 시초가 된다.
국자감 – 고려시대 국립교육기관으로 국가에서 필요한 인재를 양성하기 위한 최고의 교육기관
국학 – 고대 신라의 최고 교육기관

4 신협중앙회(2018년 ~ 2019년)

01 가계의 총지출 중에서 식료품비가 차지하는 비중을 나타내는 것은?

① 엥겔지수
② 슈바베지수
③ 엔젤지수
④ 텔레콤 지수

정답 ①

해설 엔젤지수란 가계의 총지출 중에서 교육비가 차지하는 비중을 나타내며 불황 시 엔젤지수의 값은 커진다.
슈바베지수란 가계의 총지출 중에서 주거비가 차지하는 비중을 나타낸다.
텔레콤 지수란 가계의 총지출 중에서 정보통신비용이 차지하는 비중을 나타낸다.

02 다음 상황에서 채윤이 1년 후 저축예금 만기에 받을 이자 금액의 합계로 적절한 것은?

> 채윤은 은행 저축예금에 10만원을 예금하였다. 단, 은행 저축예금의 1년 동안 복리 이자율은 10%이며 6개월 마다 지급된다.

① 5,000원
② 5,250원
③ 1만원
④ 1만250원

정답 ④

해설 이자계산법에는 복리와 단리가 있다. 단리는 원금에만 이자가 계산되지만 복리는 원금에 이자를 더한 원리금에 이자를 계산한다. 10만원 예금의 복리 이자율이 10%이고 6개월 마다 이자가 지급될 때, 6개월 후 이자는 10만원×10%×(6÷12개월)로 5,000원이다. 다시 6개월이 지난 후 이자는 10만5,000원×10%×(6÷12개월)로 5,250원으로 만기에 받을 총이자는 1만250원이다.

03 창업 초기 혁신형 중소기업들이 증시에서 자금조달을 쉽게 할 수 있게 해주기 위해 2013년 7월 개설된 중소기업 전용 증권시장은?

① 유가증권시장
② 코스닥
③ 프리보드
④ 코넥스

정답 ④

해설 코넥스(KONEX)는 'Korea New Exchange'의 약어로 2013년 7월에 개설된 중소기업 전용 증권시장이다. 코스닥 시장 상장요건을 아직 갖추지 못한 신생기업(창업 초기 혁신형 중소기업)이 주식을 공인 시장에서 거래할 수 있게 함으로써 자금 조달 등에 도움을 주려는 것이다.
코넥스 시장의 상장요건은 코스닥 시장보다 덜 까다롭다. 기업 경영 전반에 대해 투자자들에게 알릴 공시의무도 적다.

04 투표결과 가부동수인 경우에 의장이 던지는 결정권 투표를 무엇이라 하는가? (2019년)

① 캐스팅 보트
② 게리맨더링
③ 플레비사이트
④ 로그롤링

정답 ①

해설 게리맨더링(gerrymandering) – 자기 정당에 유리하도록 선거구를 구획하는 일
플레비사이트(plebiscite) – 특정 정치사항을 국민투표에 의해 결정하려는 것
로그롤링(logrolling) – 정치적으로 의원들이 의회에서 서로의 안건에 대해 찬성투표를 해주겠다는 지지나 표의 교환

05 고령사회란 65세 이상 인구가 몇 % 이상 차지하는 경우인가? (2019년)

① 7%
② 14%
③ 20%
④ 21%

정답 ②

해설 7% 이상 – 고령화사회
14% 이상 – 고령사회
20% 이상 – 초고령사회

06 노동 3권에 포함되지 않는 것은? (2019년)

① 단결권
② 단체교섭권
③ 단체행동권
④ 임금교섭권

정답 ④

해설 노동 3권이란 노동자가 헌법상의 기본권으로 가지는 세 가지 권리로 단결권 · 단체교섭권 · 단체행동권을 말하며 근로 3권이라고도 한다.

07 **우리나라 헌법개정절차에 관한 설명 중 틀린 것은?** (2019년)

① 헌법개정안의 발의는 대통령과 국회의원 재적과반수 찬성으로 한다.
② 발의된 헌법개정안은 공고 후 30일 이내 국회에서 재적 2/3이상 찬성으로 의결한다.
③ 국회에서 의결된 개정안은 30일 이내 국민투표로 확정한다.
④ 확정된 개정안은 즉시 대통령이 공포한다.

정답 ②

해설 발의된 헌법개정안은 공고 후 60일 이내 국회에서 재적 2/3이상 찬성으로 의결한다.

08 **비교 대상 시점(기준 시점)의 상황이 현재 상황과 너무 큰 차이가 있어 결과가 왜곡되는 현상을 무엇이라 하는가?** (2019년)

① 기저효과
② 낙수효과
③ 비주얼 효과
④ 트리플 효과

정답 ①

해설 기저효과란 경제지표를 평가하는 과정에서 기준시점과 비교시점의 상대적인 수치에 따라 그 결과에 큰 차이가 나타나는 현상을 말한다.

09 **다음 중 예금자보호상품이 아닌 것은?** (2019년)

① 가계당좌예금
② 저축예금
③ 시장금리부 수시입출금식 예금(MMDA)
④ 어음관리계좌(CMA)

정답 ④

해설 예금자보호제도란 금융기관이 영업정지나 파산하는 경우 **예금자보호법**에 의해 예금보험공사가 평소 피보험기관인 금융기관으로부터 받아 적립해둔 예금보험료로 지급불능이 된 금융기관을 대신하여 지급하는 제도이다.
예금자보호상품의 경우 각종 예금상품이 포함되나 CMA는 포함되지 않는다.(단, 종금형 CMA는 예외)

10 다음 중 신용협동기구에 속하지 않는 것은? (2019년)

① 상호저축은행 ② 신용협동조합
③ 새마을금고 ④ 농협 상호금융

정답 ①
해설 상호저축은행은 신용협동기구에 속하지 않는다.

11 필립스곡선은 경제변수간의 관계를 설명하고 있다. 어떠한 경제변수들인가? (2019년)

① 실업과 인플레이션율 ② 실업과 총생산변화율
③ 실업과 소득변화율 ④ 인플레이션과 총생산변화율

정답 ①
해설 필립스곡선이란 실업률과 물가상승률 또는 인플레이션율 간의 상충관계를 보여 주는 곡선이다.

12 다음 중 인플레이션 발생 시 유리한 사람은? (2019년)

① 봉급생활자 ② 수출업자
③ 채무자 ④ 채권자

정답 ③
해설 예상치 못한 인플레이션이 발생하면 채무자의 채무의 실질부담이 감소한다.

13 유연성이 풍부한 자동화생산라인으로서 '다품종 소량 생산시대'를 맞이하는데 기여하고 있는 것은? (2019년)

① CAM ② FMS
③ ZD ④ CPM

정답 ②
해설 CAM – CAM은 Computer-Aided Manufacturing의 약자로 소프트웨어 도구를 사용하여 부품의 생산을 담당하는 기계와 통신한다.
FMS – 다품종 소량생산을 가능하게 하는 생산 시스템.
공장자동화(Factory Automation)의 기반이 되는 시스템화 기술이다.
ZD – 무결점(zero defect)의 약어. ZD계획, ZD운동이라고도 한다.
CPM(Cost Per Mille) – 광고매체를 이용해 1,000명 또는 1,000가구에 광고메시지를 전달하는 데 소요되는 비용을 의미하는 것으로, 대중매체에 의해 노출되는 광고의 상대적인 가격을 말한다.

14 결산 당일 현재의 영업 재정 상태를 표시하는 일람표를 무엇이라 하는가? (2019년)

① 재산 목록표
② 재물 조사표
③ 손익계산서
④ 재무상태표

정답 ④

해설 재무상태표 – 특정시점 현재 기업이 보유하고 있는 자산(경제적 자원)과 부채(경제적 의무), 자본의 잔액에 대한 정보를 보고하는 보고서
손익계산서 – 일정기간 동안 기업의 경영성과를 나타내기 위한 재무제표 양식

15 인질이 인질범에게 동화 혹은 동조하는 비합리적인 현상을 무엇이라 하는가? (2019년)

① 도리마
② 제노비즈 신드롬
③ 스톡홀름 증후군
④ 리마증후군

정답 ③

해설 도리마 – 도리마(길거리 악마)로 불특정 다수를 향한 살인 등을 저지르는 일본의 사회문제
제노비즈 신드롬 – 목격자가 많을수록 책임감이 분산돼 개인이 느끼는 책임감이 적어져 도와주지 않고 방관하게 되는 심리현상을 이르는 말
리마 증후군 – 인질범들이 포로나 인질들의 상태에 정신적으로 동화되어 그들에게 동정심을 가지고 공격적인 태도를 거두는 비이성적인 현상

16 핫머니(hot money)의 특성이 아닌 것은? (2019년)

① 이동성
② 대규모
③ 생산성
④ 투기성

정답 ③

해설 핫머니란 국제금융시장을 이동하는 단기자금으로 투기적 이익을 목적으로 한다.

5 국민은행(2018년 ~ 2019년)

01 주로 미국의 양적완화 종료로 인한 기준금리 인상을 우려한 투자자들이 자금을 회수함으로써 신흥국들의 통화 가치, 증시 등이 급락하는 사태를 무엇이라 하는가? (2019년)

① 빅뱅
② 회색코뿔소
③ 모멘텀
④ 테이퍼텐트럼

정답 ④

해설 테이퍼 텐트럼(taper tantrum / 긴축 발작): 선진국의 양적 완화 축소 정책이 신흥국의 통화 가치와 증시 급락을 불러오는 현상을 말한다.
회색코뿔소: 지속적인 경고가 나와서 충분히 예상할 수 있는데도 쉽게 간과하는 위험 요인을 말한다.

02 어떤 나라의 경제 상황이 디플레이션이라고 할 때 나타날 수 있는 현상과 거리가 먼 것은? (2019년)

① 물가가 하락한다.
② 실업률이 상승한다.
③ 개별 경제주체들이 소비와 투자를 줄인다.
④ 화폐를 보유한 사람이 실물자산을 보유한 사람보다 불리하다.

정답 ④

해설 디플레이션이란 물가가 지속적으로 하락하는 현상이다. 디플레이션 시대에는 화폐를 보유한 사람이 실물자산을 보유한 사람보다 유리해진다.

03 한번 올라간 소비 수준이 쉽게 후퇴하지 않는 현상을 무엇이라 하는가? (2019년)

① 전시효과
② 톱니효과
③ 과시효과
④ 의존효과

정답 ②

해설 전시효과: 개인의 소비행동이 사회의 영향을 받아 타인의 소비행동을 모방하려는 소비성향
톱니효과: 소비 수준이 일단 올라가면 다시 쉽게 내려가지 않는 현상. 소비가 경기 후퇴를 막는 톱니처럼 기능하는 것을 이른다.
의존효과: 상품에 대한 수요는 소비자의 자주적인 욕망에 의존하는 것이 아니고 상품 생산자의 광고에 의존하여 이루어진다는 것

04 부가가치세란 상품의 거래나 서비스의 제공과정에서 얻어지는 부가가치에 대하여 과세하는 세금이다. 일반적으로 부가가치 세율은 몇 %인가? (2019년)

① 5% ② 10%
③ 20% ④ 30%

정답 ②

해설 소매업, 음식점업 등의 경우 부가가치율은 10%이다.

05 다음 중 가격차별 행위로 보기 어려운 것은? (2019년)

① 전 · 월세 상한제
② 노인들에게 극장표 할인
③ 물건을 대량으로 구매 시 할인
④ 수출품 가격과 내수품 가격을 다르게 책정
⑤ 전력회사에서 전력 사용량에 따라 단계적으로 다른 가격 적용

정답 ①

해설 가격차별(price discrimination)은 동일한 상품에 대해 구입자 혹은 구입량에 따라 다른 가격을 받는 행위를 말한다. 전 · 월세 상한 제도는 전 · 월세 가격의 법정 최고치를 제한하는 가격상한제(price ceiling)에 해당한다.

06 다음에서 말하는 이것은 무엇인가? (2019년)

> 이것은 자본 · 노동 등 생산요소를 최대한 투입해 물가상승을 유발하지 않고 달성할 수 있는 성장 역량을 의미한다. 한 국가의 경제 기초체력이 어느 정도인지, 이대로 가면 어떻게 될 것인지를 가늠케 해주는 중요한 장기 지표다. 한은은 이것이 급락한 요인을 세 가지로 설명했다. 서비스업 발전 미흡, 높은 규제수준으로 인한 생산성 하락, 경제 불확실성에 따른 자본축적 부진이다.

① 국내총생산 ② 잠재성장률
③ 실질성장률 ④ 물가상승률
⑤ 생산증가율

정답 ②

해설 잠재성장률이란 한나라의 경제가 보유하고 있는 자본, 노동력, 자원 등 모든 생산요소를 사용해서 물가상승을 유발하지 않으면서도 최대한 이룰 수 있는 경제성장률 전망치를 말한다. 있는 자원을 최대한 활용해서 최고의 노력을 했을 때 얻을 수 있는 최대의 성장치라고 할 수 있다.

PART 01. 경제용어
PART 02. 은행권 최신 기출문제
PART 03. 예상적중문제
PART 04. 경제 및 금융 시사이슈

07 주식은 주식회사의 소유권을 나타내는 유가증권이다. 주식의 종류에 대한 다음 설명 중 옳지 않은 것은? (2019년)

① 후배주는 보통주보다 배당받는 순위가 늦다.
② 우선주는 보통주보다 배당이 적은 게 보통이다.
③ 주권 액면에 액면가가 표시된 주식을 액면주라고 한다.
④ 우선주는 잔여재산 분배에서 우선적 권리가 인정되는 주식이다.
⑤ 주주의 이름이 주권과 주주명부에 표시돼 있지 않으면 무기명주이다.

정답 ②

해설 우선주는 보통주보다 배당을 많이 받는 것이 보통이다. 그러나 의결권이 부여되지 않는다.

08 전통적 투자함수의 주요 변수인 이자율 외에 투자유인에 대한 포괄적 정보를 고려하여 투자가 결정된다는 이론으로 주식시장에서 평가된 기업의 가치를 기업의 총실물자본의 구입가격으로 나눈 값을 무엇이라 하는가? (2019년)

① 마셜의 k
② 루이스의 s
③ 토빈의 q
④ 케인스의 z

정답 ③

해설 설비투자의 동향을 설명하는 지표로 미국 예일대 토빈 교수가 개발한 개념이다. 기업이 실시하는 설비투자가 얼마나 이윤을 나오게 하느냐라는 개념으로 기대이윤을 설비자금의 조달비로 나눈 것이다.

6 NH농협은행(2019년)

01 국내 주식시장은 크게 유가증권시장과 코스닥시장, 코넥스시장이 있다. 다음 중 증권거래소에서 주식을 거래할 수 있는 상장 요건이 까다로운 시장부터 순서대로 나열한 것은? (2019년)

① 유가증권시장 – 코스닥 – 코넥스
② 코넥스 – 코스닥 – 유가증권시장
③ 코스닥 – 유가증권시장 – 코넥스
④ 코스닥 – 코넥스 – 유가증권시장

정답 ①

해설 상장 요건은 유가증권시장이 가장 까다롭고 코넥스시장이 가장 덜 까다롭다. 코넥스시장의 상장 요건이 덜 까다로운 것은 새로 창업하는 기업들이 자본시장에서 보다 손쉽게 자금을 조달하는 걸 돕기 위한 것이다. 상장 요건은 부실 기업들의 주식이 거래되는 것을 막아 투자자들을 보호하기 위한 장치다.

02 각 국가의 물가 수준을 비교하는 구매력평가지수로 유명한 지수는? (2019년)

① 지니계수 ② 빅맥지수
③ 엥겔지수 ④ 슈바베지수

정답 ②

해설 엥겔지수는 가계의 소비지출 중에서 식료품비가 차지하는 비중을 뜻한다. 독일의 통계학자 엥겔이 연구를 통해 가계 소득이 높아질수록 식료품비 비중이 감소한다는 가계 소비의 특징을 발견했다. 이를 엥겔법칙이라고 부른다.
지니계수는 소득불평등을 측정하는 지표이며, 슈바베지수는 가계의 소비지출 중에서 전월세 비용이나 주택 관련 대출 상환금 등 주거비가 차지하는 비율을 말한다.

03 다음은 생산가능곡선에 대한 설명이다. 옳지 않은 것은? (2019년)

① 일반적으로 원점에 대해 오목하다.
② 생산가능곡선 내부에 있는 점은 생산이 비효율적으로 이뤄지는 점이다.
③ 기술이 진보하거나 노동력이 증가할 경우 바깥쪽(오른쪽)으로 이동한다.
④ 곡선의 바깥쪽에 있는 점은 현재 주어진 생산요소와 기술 수준으로 최대로 생산할 수 있는 점이다.

정답 ④

해설 곡선 밖의 점은 주어진 자원과 기술 수준으로 생산이 불가능하다. 생산기술이 발전하거나 경제가 성장하면 주어진 생산요소로 최대한 생산할 수 있는 산출물이 커지기 때문에 곡선이 원점에서 더 멀리 이동한다.

04 소비자잉여에 대한 설명 중 옳지 않은 것은? (2019년)

① 소비자잉여를 극대화하는 자원배분을 효율적이라고 한다.
② 소비자잉여는 소비자가 시장에 참여하여 얻는 이득을 나타낸다.
③ 수요와 공급의 균형 상태에서 소비자잉여와 생산자잉여의 합이 극대화된다.
④ 소비자잉여란 구입자의 지불용의에서 구입자가 실제로 지불한 금액을 뺀 나머지 금액을 말한다.

정답 ①

해설 사회적잉여를 극대화 하는 자원배분을 효율적이라고 한다.

05 우리나라 기업이 베트남에 진출해 우리나라 직원과 베트남 직원을 고용했다. 이에 올바른 내용을 고르시오. (2019년)

① 베트남의 GDP가 낮아진다.
② 우리나라의 GDP가 높아진다.
③ 우리나라와 베트남의 GNP가 높아진다.
④ 우리나라의 GNP는 높아지지만 베트남의 GNP는 낮아진다.

정답 ③

해설 우리나라: GDP 감소, GNP 증가
베트남: GDP와 GNP 모두 증가

06 주식시장에서 주가가 급등락할 때 주식매매를 일시 정지하는 제도를 무엇이라 하는가? (2019년)

① 콘탱고
② 사이드카
③ 백워데이션
④ 서킷브레이커

정답 ④

해설 서킷브레이커란 주식시장에서 주가가 급등하거나 급락할 때 주식의 매매를 일시동안 정지하는 제도이다.
코스피나 코스닥 지수가 전일대비 10% 이상 폭락한 상태가 1분간 지속하는 경우 시장 전 종목의 매매거래를 중단한다. 20분간의 매매정지가 풀리면 10분 동안 동시호가로 접수해 매매를 다시 시작한다. 1일 1회만 발동할 수 있다.
사이드카는 선물시장이 급변할 경우 선물이 현물시장에 미치는 영향을 최소화함으로써 현물시장을 안정적으로 운용하기 위한 제도다. 선물가격이 전일 종가 대비 5% 이상(코스닥 6% 이상) 상승 또는 하락해 1분간 지속될 때 발동된다.

07 양도성 예금증서(CD)에 대한 내용으로 옳지 않은 것은? (2019년)

① 증서의 분실, 도난 등 사고신고가 있을 경우에는 자기앞수표와 사고신고에 준하여 처리한다.
② 예치금액의 단위에 별도의 제한은 없지만 일반적으로 액면금액기준 1,000만원 이상으로 한다.
③ 무기명 할인식으로 발행한다.
④ 중도해지 및 양도를 인정하지 않는다.

정답 ④
해설 중도해지는 인정하지 않으나 양도성이 있다는 것이 특징이다.

08 파생금융상품 중 옵션에 관한 다음 설명 중 옳지 않는 것은? (2019년)

① 정해진 기간 내 또는 정해진 시점에 미리 약정된 가격으로 특정 자산을 사거나 팔 수 있는 권리가 부여된 계약을 말한다.
② 반드시 행사해야 하는 의무가 존재한다.
③ 콜옵션은 기초자산을 살 수 있는 권리이므로 만기일이 도래했을 때 기초자산의 시장가격이 행사가격보다 낮으면 시장에서 매입하는 것이 유리하므로 권리를 행사하지 않을 것이다.
④ 풋옵션은 기초자산을 팔 수 있는 권리이므로 만기일에 기초자산의 시장가격이 행사가격보다 낮으면 그 권리를 행사하여 시장가격보다 비싼 가격으로 팔 수 있다.

정답 ②
해설 옵션은 권리이기 때문에 옵션 구매자는 해당 자산을 반드시 사거나 팔아야 할 의무는 없다. 이게 미래 특정시점에 특정가격으로 매매의무가 주어지는 선물과의 차이다.

09 중앙은행으로부터 규제나 감독을 받지 않는 금융기관에 의해 주도되는 금융유형을 통칭하는 것은? (2019년)

① 사모펀드
② 그림자금융
③ 유니버셜 금융
④ 헤지펀드

정답 ②
해설 그림자 금융이란 은행과 비슷한 기능을 하면서도 은행과 같은 엄격한 건전성 규제를 받지 않는 금융 기관과 그러한 금융 기관들 사이의 거래를 이르는 용어이다.

10 자산운용회사가 여러 고객이 투자한 자금을 모아 이를 주로 양도성예금증서(CD), 기업어음(CP), 잔존만기 1년 이하의 국채 및 통화안정증권 등 금융자산에 투자하여 얻은 수익을 고객에게 배당하는 채권투자 신탁상품은 무엇인가? (2019년)

① MMDA ② MMF
③ CMA ④ CD

정답 ②

해설 MMF란 고객의 돈을 모아 금리가 높은 CD(양도성예금증서), CP(기업어음), 콜 등 단기금융상품에 집중 투자해 여기서 얻는 수익을 되돌려주는 실적배당상품을 말한다.

11 아래 표는 갑과 을의 시간당 최대생산량을 나타낸 것이다. 이에 대한 옳은 설명은? (2019년)

	갑	을
고구마(개)	4	2
감자(개)	4	3

① 을은 감자 생산에 비교 우위가 있다.
② 갑은 감자 생산에만 절대 우위가 있다.
③ 을은 고구마 생산에 비교 우위가 있다.
④ 갑은 고구마 생산에만 절대 우위가 있다

정답 ①

해설 갑은 을보다 고구마, 감자 모두 시간당 최대 생산량이 많으므로 고구마와 감자에 절대우위가 있다.
비교우위는 상대적인 기회비용 크기를 비교한다. 따라서 갑의 감자 생산 기회비용은 고구마 1개이지만 을의 감자 생산 기회비용은 고구마 2/3개다. 따라서 을이 감자 생산에 비교우위가 있다.

12 우리 경제는 1997년 외환위기 이후 완전 변동환율제를 도입했다. 다음 중 변동환율제의 가장 큰 장점이라고 볼 수 있는 것은? (2019년)

① 국가 간 무역증가
② 환율 변동성 증대
③ 외환보유액 증가
④ 국제수지 불균형의 자동조정

정답 ④

해설 고정환율제도의 특징 – 국가 간 무역증가, 외환보유액 증가
변동환율제도의 단점 – 환율 변동성 증대
변동환율제도는 국제수지불균형이 환율변동에 의하여 자동적으로 조정된다.

13 고정환율제도를 채택하고 있는 나라가 통화가치의 상승 압력이 있는 상황에서 환율을 일정하게 유지하려고 할 때 어떠한 일이 발생하는가? (2019년)

① 중앙은행이 국내통화를 사들이면서 그 결과로 외화보유액이 감소한다.
② 중앙은행이 국내통화를 팔고 그 결과로 외화보유액이 감소한다.
③ 중앙은행은 국내통화를 사들이면서 그 결과로 외화보유액이 증가한다.
④ 중앙은행은 국내통화를 팔고 그 결과 외화보유액이 증가한다.

정답 ④
해설 통화가치의 상승 압력이 있다는 것은 외환의 공급 증가로 환율 하락이 발생할 수 있는 상황이다. 외환의 초과공급을 해소하기 위하여 외환을 매입하여야 하며 외환의 매입으로 외환보유액과 시중의 통화량 모두 증가한다.

14 한국은행이 기준금리를 내릴 경우 실물경제에 미치는 경로를 <u>잘못</u> 설명한 것은? (2019년)

① 소비 증가 → 국민소득 증가
② 투자 증가 → 국민소득 증가
③ 저축 증가 → 투자 증가 → 국민소득 증가
④ 자산가격 상승 → 소비 증가 → 국민소득 증가

정답 ③
해설 기준금리를 낮추면 저축은 줄어들게 된다.

15 재화는 배제성과 경합성에 의해 크게 4가지로 구분된다. 다음 중 공공재와 공유자원에 대한 설명으로 옳은 것은? (2019년)

① 경합성과 배제성을 모두 가지고 있는 재화를 공공재라고 한다.
② 비배제성은 여러 사람이 재화를 동시에 사용할 수 있는 성질이다.
③ 무임승차는 재화가 비경합성을 가지고 있기 때문에 나타나는 현상이다.
④ 공유지의 비극이 나타나는 이유는 비배제성을 가지고 있는 재화가 경합성도 가지고 있기 때문이다.

정답 ④
해설 재화는 배제성과 경합성에 따라 사적 재화, 공유재, 공공재, 집단재로 나뉜다. 배제성은 대가를 지불하지 않으면 재화를 소비할 수 없도록 막을 수 있는 속성이다. 경합성은 한 사람이 특정 재화를 더 많이 소비하면 다른 사람들은 덜 소비해야 하는 특성을 말한다. 공원, 가로등과 같은 공공재는 비배제성과 비경합성을 가진 자원이다. 바닷속의 물고기와 같은 공유재는 경합성은 있으나 배제성은 없다. 이 때문에 공유지의 비극 현상이 나타난다. 무임승차는 비배제성 때문에 발생한다.

16 농산물 및 에너지 등 일시적으로 가격이 급등락하는 품목을 빼고 산출한 물가지수를 무엇이라 하는가? (2019년)

① 근원인플레이션(core inflation)
② 애그플레이션(agflation)
③ 디플레이션(deflation)
④ 스태그플레이션(stagflation)

정답 ①

해설 애그플레이션은 농업(agriculture)과 인플레이션(inflation)을 합성한 신조어다.
디플레이션은 물가가 떨어지고 경제가 침체되는 현상을 말한다.
스태그플레이션은 경제불황에서 물가가 오르는 것을 말한다.

17 4차 산업혁명으로 많은 일자리가 사라지고 있다. 이런 실업을 무엇이라 하는가? (2019년)

① 자발적 실업
② 경기적 실업
③ 마찰적 실업
④ 구조적 실업

정답 ④

해설 경기적 실업은 경기 침체로 일자리가 부족해 생기는 실업이고, 구조적 실업은 경제나 산업 구조의 변화에 따라 발생하는 실업이다. 경기적 실업과 구조적 실업은 비자발적 실업이지만 마찰적 실업은 자발적 실업이다. 구조적 실업은 새로운 직업에 대한 교육이나 훈련을 받으면 실업 상태에서 벗어날 수 있다.

18 증시에서 실제로 보유하고 있지 않은 주식에 대해 매도 주문을 내는 투자기법이다. 주가 하락이 예상될 때 단기 매매차익을 노리고 많이 사용하는데 때론 증시 급락의 한 원인이 되기도 한다. 이에 대한 설명은 무엇인가? (2019년)

① 선물 매도
② 롱포지션
③ 공매도
④ 롱쇼트 전략

정답 ③

해설 공매도란 주식을 갖고 있지 않은 상태에서 매도 주문을 내는 것을 말한다. 공매도는 주가가 떨어질 것으로 예상할 때 시세차익을 노리는 한 방법이다. 공매도는 합리적인 주가 형성에 기여하지만 증시 변동성을 키우고 불공정거래 수단으로 악용된다는 비판도 듣고 있다.

19 다음 중 도덕적 해이에 관한 예시로 옳지 않은 것은? (2019년)

① 팀별 발표의 경우, 팀의 구성원 중 일부는 발표준비를 게을리 한다.
② 에어백을 설치한 자동차의 운전자는 설치 이전보다 부주의 하게 운전한다.
③ 화재보험에 가입한 보험가입자는 가입이전보다 화재 방지 노력을 게을리 한다.
④ 은행이 대출이자율을 높이면 위험한 사업에 투자하는 기업들이 자금차입을 하는 경우가 늘어난다.

정답 ④
해설 은행이 대출이자율을 높이면 위험한 사업에 투자하는 기업들이 자금차입을 하려는 경우는 역선택이다. 역선택이란 감추어진 특성의 상황에서 정보수준이 낮은 측이 '사전적'으로 바람직하지 못한 상대방과 거래할 가능성이 높아지는 현상이다.

20 소득불평등 지수에 해당하지 않는 것은? (2019년)

① 십분위분배율
② 지니계수
③ 오분위분배율
④ 엥겔지수

정답 ④
해설 엥겔지수는 가계의 소비지출 중에서 식료품비가 차지하는 비중을 뜻한다. 독일의 통계학자 엥겔이 연구를 통해 가계 소득이 높아질수록 식료품비 비중이 감소한다는 가계 소비의 특징을 발견했다. 이를 엥겔법칙이라고 부른다.

21 다음 중 예상 가능한(anticipated) 인플레이션이 유발하는 비용이 아닌 것은? (2019년)

① 가치척도가 불안정해진다.
② 채권자와 채무자 사이의 소득 재분배를 발생시킨다.
③ 사람들이 화폐 보유를 주저하므로 거래비용이 증가한다.
④ 상점의 종업원들이 가격표를 새것으로 바꾸는 데 근무 시간의 상당부분을 사용한다.

정답 ②
해설 채권자와 채무자는 예상 가능한 인플레이션에서는 인플레이션을 감안한 이자율에 합의해 거래하면 되므로 소득재분배가 발생하지 않는다.

22 다음은 경제·경영 분석에서 사용하는 주요 개념을 수식으로 표현한 것이다. 옳지 않은 것은? (2019년)

① 부채비율 = (부채 ÷ 자기자본) × 100
② 이자보상배율 = 이자비용 ÷ 영업이익
③ 주가수익비율 = (주가 ÷ 주당순이익) × 100
④ 자기자본이익률 = (순이익 ÷ 자기자본) × 100

정답 ②

해설 이자보상배율은 영업이익을 이자비용으로 나눈 비율을 말한다.

23 주식회사에 대한 설명으로 옳지 않은 것은? (2019년)

① 소유와 경영의 분리가 특징이다.
② 출자자(주주)는 유한책임을 진다.
③ 주주는 통상 자신의 의사에 반하여 주주로서의 지위가 상실되지 않는다.
④ 주주총회는 임원 보수의 결정, 대표이사의 선임, 정관의 변경 등의 권한을 갖는다.

정답 ④

해설 주주총회는 주식회사의 최고 의사결정기관이고 이사회는 회사의 업무집행에 관한 의사를 결정하기 위해 이사들로 구성되는 주식회사의 상설기관이다. 대표이사는 주주총회가 아니라 이사회가 선임한다.

7 SH수협은행(2019년)

01 매슬로우의 욕구단계설 중 최저단계의 욕구는? (2019년)

① 생리적 욕구
② 안전의 욕구
③ 애정 및 사회적 욕구
④ 자아실현의 욕구

정답 ①

해설 1단계: 생리적 욕구
2단계: 안전에 대한 욕구
3단계: 애정과 소속에 대한 욕구
4단계: 자기존중의 욕구
5단계: 자아실현의 욕구

02 마케팅믹스의 요인이 아닌 것은? (2019년)

① 가격
② 수량
③ 판매촉진
④ 유통경로

정답 ②

해설 마케팅 믹스는 기업이 마케팅 목표를 달성하기 위하여 사용하는 실질적인 마케팅 요소이다. 제품(product), 가격(price), 유통(place), 촉진(promotion)으로 구성되며 보통 4P라고 부른다.

03 빅데이터 4V에 해당하지 않는 것은? (2019년)

① volume
② velocity
③ variety
④ vlive

정답 ④

해설 volume(대용량), velocity(실시간성), variety(다양성), value(가치)

8 농협중앙회(2019년)

01 빅맥지수에 대한 다음 설명 중 옳은 것은? (2019년)

① 양국 간 이자율 차이로 환율을 설명한다.
② 빅맥지수는 구매력평가지수의 일종으로 영국에서 발행되는 경제주간지인 '이코노미스트'에서 발표한다.
③ 만일 한국 경제가 일본 경제보다 빠르게 성장한다면 1인당 GDP가 먼저 일본을 추월하고 그 다음 구매력평가 기준 국민소득이 일본을 추월하게 될 것이다.
④ 한국의 빅맥가격이 4,000원이고 미국의 빅맥가격이 $2라면 빅맥지수에 의한 환율은 $1 = 2,000원이 될 것이다.

정답 ④

해설 구매력평가지수는 일물일가의 법칙에 입각한 것으로, 한 나라의 화폐는 모든 나라에서 동일한 수량의 재화를 구입할 수 있어야 한다는 것을 전제로 한 환율결정이론이다.
구매력평가지수는 두 화폐 간의 명목환율이 두 나라 물가수준에 의해 결정된다고 설명한다. 대표적 구매력평가지수로는 맥도날드 햄버거 구매력으로 환율을 따져보는 빅맥지수가 있다. 빅맥지수는 영국에서 발행되는 경제 주간지인 이코노미스트가 발표한다.

02 다음 중 L자형 무차별곡선의 예로 가장 적합한 상품 묶음은? (2019년)

① 커피와 홍차
② 버스와 택시
③ 검은 구두와 운동화
④ 오른쪽 신발과 왼쪽 신발

정답 ④

해설 무차별곡선은 소비자에게 동일한 만족을 주는 재화 묶음을 연결한 곡선이다. 오른쪽 신발과 왼쪽 신발처럼 완전보완재의 경우 무차별곡선은 L자형의 직각을 이룬다.

03 우리나라 경기선행지수에 포함되는 경제 지표가 아닌 것은? (2019년)

① 코스피지수
② 구인구직비율
③ 소비자기대지수
④ 소비재수입액

정답 ④

해설 경기선행지수는 6~9개월 후의 경기흐름을 가늠하는 지표로 지수가 전월보다 올라가면 경기 상승, 내려가면 경기 하강을 의미한다. 수입액은 경기후행지수에 들어간다.

04 양적완화(quantitative easing) 정책과 관련한 다음 설명 중 옳지 않은 것은? (2019년)

① 유동성 함정의 상황에 효과적이다.
② 양적완화는 중앙은행의 대규모 자산 매입을 통해서 이루어진다.
③ 만약 미국이 양적완화를 시행할 경우 달러 대비 원화의 가치가 하락할 것으로 예상된다.
④ 미국이 양적완화를 시행할 경우 한국의 대미 수출이 감소할 것으로 예상된다.

정답 ③

해설 양적완화는 중앙은행이 발권력을 이용, 시중에 통화를 공급하는 비정상적인 통화정책의 하나다. 기준금리를 제로 수준으로 떨어뜨렸는데도 은행들이 대출을 꺼리고 소비와 투자 또한 살아나지 않아 경기가 부양되지 않을 때(다시 말해 유동성 함정에 빠졌을 때) 실시하는 정책이다. 양적완화는 중앙은행이 국채나 모기지담보부증권(MBS) 등을 사들이는 방식으로 이뤄진다. 미국이 양적완화를 시행하면 달러 공급이 증가하고, 이렇게 늘어난 달러 자금이 한국 등에 유입됨으로써 한국 원화 가치는 높아지게 된다.(원화 환율 하락, 달러화 가치 하락) 원화 가치가 오르면 수출 상품 가격경쟁력이 떨어져 한국의 대미 수출은 줄어들 가능성이 크다.

제2장 은행권 통합 기출문제

01 물가가 지속적으로 하락하는 것을 무엇이라 하는가? (하나은행)

① 인플레이션
② 디플레이션
③ 디스플레이션
④ 스태그플레이션

정답 ②

해설 인플레이션 – 물가가 지속적으로 상승하는 것을 말한다.
디스플레이션 – 물가를 하락시키기 위하여 통화량을 감소시키는 반인플레이션 정책을 말한다.
스태그플레이션 – 경기침체와 더불어 물가가 상승하는 것을 말한다.

02 가계의 총지출 중에서 교육비가 차지하는 비중을 나타내는 것은? (하나은행, 수협중앙회)

① 엥겔지수
② 슈바베지수
③ 에인절지수
④ 텔레콤 지수

정답 ③

해설 에인절지수란 가계의 총지출 중에서 교육비가 차지하는 비중을 나타내며 불황 시 엔젤지수의 값은 커진다.
엥겔지수란 가계의 총지출 중에서 식료품비가 차지하는 비중을 나타낸다.
슈바베지수란 가계의 총지출 중에서 주거비가 차지하는 비중을 나타낸다.
텔레콤 지수란 가계의 총지출 중에서 정보통신비용이 차지하는 비중을 나타낸다.

03 다음 그림을 보고 지니계수에 대한 설명 중 틀린 것은? (기업은행)

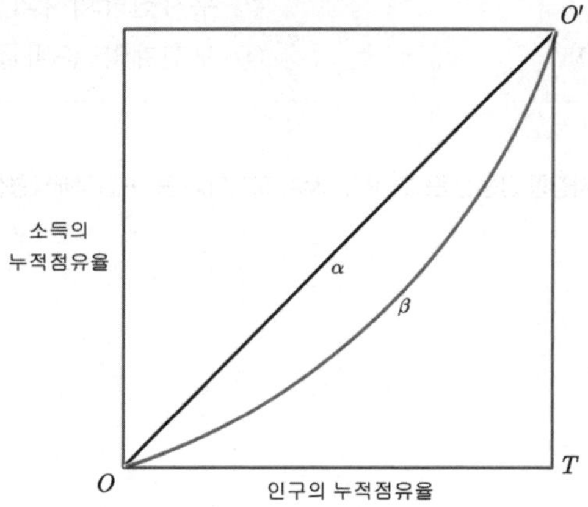

① 지니계수는 $\frac{\alpha}{\alpha+\beta}$ 이다.
② 지니계수는 기수적이다.
③ 지니계수의 로렌츠곡선의 단점을 보완하기 위하여 만들어졌다.
④ 지니계수는 0~1의 값을 가지며 값이 클수록 평등하다.

정답 ④

해설 지니계수는 로렌츠곡선의 서수성을 보완하기 위하여 만들어졌으며 0과 1사이의 값을 가진다. 지니계수는 값이 작아질수록 평등하다.

04 다음 중 GDP에 들어가지 않는 것은? (기업은행)

① 아파트의 가격 상승
② 회사채 이자
③ 기업의 자동차 구입
④ 동사무소에서 복사용지 구입

정답 ①

해설 국내총생산은 당해연도의 생산 활동과 관련 있어야 하므로 아파트의 가격 상승이나 부동산 구입, 주식구입은 들어가지 않는다.

05 M2에 속하지 않는 것은? (기업은행)

① 현금통화 ② 투자신탁회사의 MMF
③ 양도성 예금증서(CD) ④ 보험계약 준비금

정답 ④

해설 신M1 + 정기예 · 적금 + 시장형 금융상품(CD, RP, CMA, 표지어음 등) + 실적배당형상품(수익증권, 금전신탁 등) + 금융채 + 기타

06 단기금융시장에 대한 설명 중 틀린 것은? (기업은행)

① 만기가 1년 미만의 금융상품이 거래되는 시장을 말한다.
② 단기금융시장에 CP시장, RP시장이 들어간다.
③ 단기금융시장이 발달하면 개인이 보유하는 현금량이 줄어들 수 있다.
④ 주식시장과 채권시장으로 나뉜다.

정답 ④

해설 단기금융시장은 CP시장, RP시장 등으로 구분되고 장기금융시장은 주식시장과 채권시장으로 나뉜다.

07 실업률을 구하는 공식으로 맞는 것은? (기업은행)

① 실업자 수 / 경제활동인구
② 실업자 수 / 취업자 수
③ 실업자 수 / 비경제활동인구
④ 실업자 수 / 생산가능인구

정답 ①

해설 실업률 = (실업자 수 / 경제활동인구) × 100으로 구한다.

08 선행지수에 들어가지 않는 것은? (기업은행)

① 건설수주액
② 광공업생산지수
③ 장단기 금리차
④ 국제원자재가격지수

정답 ②

해설 비농가 취업자수는 동행지수에 들어간다.

선행종합지수	동행종합지수	후행종합지수
구인구직비율	비농림어업 취업자 수	회사채유통 수익률
재고순환지표	광공업생산지수	상용근로자수
기계류내수출하지수	건설기성액	도시가계소비지출
국제원자재가격지수	서비스업생산 지수	소비재수입액
건설수주액	소매판매액 지수	생산자제품 재고지수
소비자기대지수	수입액	
종합주가지수	내수 출하지수	
수출입물가비율		
장단기 금리차		

09 원달러 환율의 변화 방향이 다른 것은? (기업은행)

① 미국 금리 인상
② 외국인 투자한도의 증대
③ 수출 증가
④ 미국 경기 호황

정답 ①

해설 미국의 금리가 인상되면 한국에서 외환이 유출되므로 환율이 상승한다.
즉, 외환수요곡선이 우측 이동하므로 환율이 상승한다.
다른 지문은 모두 환율이 하락한다.

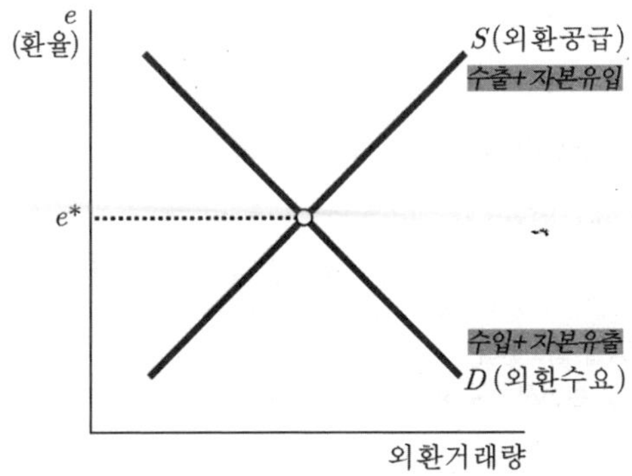

10 한국은행이 하는 역할이 아닌 것은? (기업은행)

① 신용창조
② 발권은행
③ 금융정책의 집행
④ 정부의 은행

정답 ①

해설 신용창조란 시중은행이 대출과 예금을 통해 예금이 창조되는 것을 말한다.
발권은행이란 한국은행이 지폐와 주화를 발행한다는 것을 말한다.
한국은행은 금융정책을 집행하거나 정부에 대하여 신용을 공여한다.

11 경기 침체 가운데 물가가 상승하는 현상을 무엇이라 하는가? (하나은행)

① 스태그플레이션
② 인플레이션
③ 애그플레이션
④ 바이플레이션

정답 ①

해설 애그플레이션이란 농산물의 가격 상승이 인플레이션을 유발하는 것을 말한다. 바이플레이션이란 선진국은 디플레이션이 발생하고 개도국은 인플레이션이 발생하는 것을 말한다.

12 원화의 가치가 상승할 때 현상 중 틀린 것은? (하나은행)

① 수출이 감소한다.
② 국내 물가가 하락한다.
③ 차관기업의 채무부담이 감소한다.
④ 해외 유학생의 부담이 커진다.

정답 ④

해설 환율의 하락은 원화가치의 상승을 의미한다.
환율이 하락하면 원화를 1달러로 환전하기 위하여 원화 부담이 증가한다.

13 다음 중 수요곡선이 이동하지 않는 것은? (새마을금고)

① 인구의 증가
② 소득 증가
③ 소비자 기호
④ 가격의 변화

정답 ④
해설 가격이 변화하면 수요곡선 선상에서 이동하므로 수요곡선이 이동하지 않는다.

14 다음 중 경기침체와 관련이 있는 실업은? (새마을금고)

① 마찰적 실업
② 경기적 실업
③ 구조적 실업
④ 잠재적 실업

정답 ②
해설 마찰적 실업이란 더 나은 직장을 구하기 위하여 직장을 찾는 과정에서 기업의 구인기간과 일치하지 않음으로 발생하는 실업을 말한다.
경기적 실업이란 경기침체로 인하여 대규모로 발생하는 실업을 말한다.
구조적 실업이란 산업구조의 변화로 노동자의 기술이 사회적으로 필요 없어짐에 따라 발생하는 실업을 말한다.
잠재적 실업이란 취업을 하고 있으나 노동의 한계생산성이 0인 경우를 말한다.

15 인플레이션의 해결책이 아닌 것은? (새마을금고)

① 정부지출의 감소
② 세율 인상
③ 국공채 매각
④ 대출 증대

정답 ④
해설 국공채를 매각하면 통화량이 감소하므로 인플레이션을 줄일 수 있다. 대출 증대는 소비나 투자를 증가시키므로 물가를 더 상승시킬 수 있다.

16 다음 재화 중 희소성의 법칙을 만족하지 않음으로 경제학에서 분석하지 않는 재화는? (새마을금고)

① 경제재
② 자유재
③ 소비재
④ 생산재

정답 ②

해설 경제재란 부존량이 유한하여 희소성의 법칙이 적용된다.
자유재란 부존량이 무한하여 희소성의 법칙이 적용되지 않으므로 대가없이 획득할 수 있다.
소비재란 소비자가 소비에 사용하는 재화이며 생산재란 생산자가 생산에 사용하는 재화를 말한다.

17 메리트재로 분류되지 않는 것은? (새마을금고)

① 교육
② 주택
③ 의료
④ 귀금속

정답 ④

해설 메리트재 란 교육 · 주택 · 의료 등 소득수준과는 상관없이 모든 사람들이 필요로 하는 재화나 서비스를 말한다.
고가의 귀금속 · 고급화장품 · 호화가구 등 사치품과 마약 등을 가리켜 디메리트재(demerit goods)라고 한다.

18 화폐주조차익을 무엇이라 하는가? (국민은행)

① 세뇨리지 효과
② forfaiting 효과
③ 리디노미네이션
④ 디노미네이션

정답 ①

해설 세뇨리지 효과란 화폐 주조 시 교환가치와 발행가치의 차액을 주조차익이라고 한다.
디노미네이션은 화폐액면을 말하고 리디노미네이션은 화폐액면의 변경을 말한다.

19 경제가 고성장임에도 불구하고 물가상승 압력이 없는 상태를 무엇이라 하는가? (국민은행)

① 소프트 랜딩
② 소프트 패치
③ 하드 랜딩
④ 골디락스

정답 ④

해설 소프트 랜딩 – 경기연착륙
소프트 패치 – 경기 상승하는 국면에서 일시적으로 경기 침체가 발생하는 경우
하드 랜딩 – 경기경착륙

20 환율상승 시 단기적으로 경상수지가 적자가 발생하다가 장기적으로 경상수지가 흑자가 되는 것을 무슨 효과라 하는가? (국민은행)

① A – 커브 효과
② D – 커브 효과
③ J – 커브 효과
④ W – 커브 효과

정답 ③

해설 J – 커브 효과란 환율상승이 단기적으로 가격하락효과가 수량효과보다 크기 때문에 적자를 가져오지만 장기적으로 수량효과가 가격효과보다 크기 때문에 흑자가 발생한다.

21 발생확률 혹은 발생량이 상대적으로 적은 부분이 무시되는 경향이 있다. 하지만 인터넷과 새로운 물류기술의 발달로 인해 이 부분도 경제적으로 의미가 있을 수 있게 되었는데 이는 무엇인가? (국민은행)

① 파레토 법칙
② 롱테일 현상
③ 메트칼프의 법칙
④ 무어의 법칙

정답 ②

해설 롱테일 현상(The Long Tail)은 인터넷과 새로운 물류기술의 발달로 인해 이 부분도 경제적으로 의미가 있을 수 있게 되었는데 이를 롱테일이라고 한다. 이는 기하급수적으로 줄어들며 양의 x축으로 길게 뻗어나가는 그래프의 모습에서 나온 말이다. 2004년 와이어드지 2월호에 크리스 앤더슨에 의해 처음으로 소개되었으며 이후 책으로 나와 베스트 셀러가 되었다.

22 생산자물가지수에 대한 설명 중 옳지 않은 것은? (국민은행)

① 생산자물가지수란 기업 상호간에 거래가 이루어지는 국내에서 생산된 모든 재화 및 일부 서비스의 가격수준 변동을 측정하는 통계를 말한다.
② 통계청에서 측정한다.
③ 생산자물가지수는 5년마다 개편된다.
④ 조사대상 품목은 약 900여개 이다.

정답 ②
해설 생산자물가지수는 한국은행에서 측정한다.

23 G13에 들어가지 않는 국가는? (수협중앙회)

① 중국
② 러시아
③ 인도
④ 인도네시아

정답 ④
해설 G13 – G7 + 브라질, 인도, 중국, 멕시코, 남아공, 러시아

24 글로벌 금융위기 극복 과정에서 유발된 초저금리와 과잉유동성이 가져올 인플레이션을 우려하여 시중에 과다하게 풀린 돈을 회수하고 금리를 올리는 긴축적 조치를 무엇이라 하는가? (수협중앙회)

① 출구전략
② 유동성함정
③ 디스인플레이션
④ 스태그플레이션

정답 ①
해설 출구전략이란 경제회복을 위해 공급됐던 과잉 유동성이나 각종 완화정책을 경제에 큰 부작용 없이 서서히 거두는 전략을 일컬음

25 단기금융시장으로 환매조건부채권시장은 무엇인가? (기업은행)

① 콜시장
② CD 시장
③ RP 시장
④ CP 시장

정답 ③

해설 환매조건부채권이란 금융기관이 일정기간 후에 다시 사는 조건으로 채권을 팔고 경과기간에 따라 소정의 이자를 붙여 되사는 채권이다.

26 2001년 11월 카타르의 도하에서 열린 세계무역기구(WTO) 제4차 각료회의에서 합의되며 시작된 다자간 무역협상은? (새마을은행)

① 카타르아젠다
② 카타르개발아젠다
③ 도하무역아젠다
④ 도하개발아젠다

정답 ④

해설 도하개발아젠다는 지난 2001년 11월14일 카타르 도하에서 열린 제4차 세계무역기구(WTO) 각료회의에서 새로이 출범시킨 다자간 무역 협상을 말한다. 즉 DDA는 뉴라운드의 공식명칭이다.

27 나라의 화폐를 가치의 변동 없이 모든 은행권 및 지폐의 액면을 동일한 비율의 낮은 숫자로 표현하는 것은? (새마을금고)

① 리디노미네이션
② 평가절하
③ 화폐개혁
④ 평가절상

정답 ①

해설 리디노미네이션이란 한 나라의 화폐를 가치변동없이 모든 은행권과 지폐의 액면을 동일한 비율의 낮은 숫자로 표현하거나 이와 더불어 새로운 통화단위로 화폐의 호칭을 변경하는 것을 말한다.

28 협상가격차이란 무엇인가? (새마을금고)

① 농산품과 공산품의 가격차이
② 도매가격과 소매가격의 차이
③ 수출가격과 수입가격의 차이
④ 필수재와 사치재의 가격차이

정답 ①

해설 협상가격차란 농업과 공업생산물간의 가격격차가 가위가 벌어진 모양으로 확대되어 간다는 데서 붙여진 말로 자본주의 경제에서는 이 격차가 날로 확대되는 경향이 있다.

29 은행의 건전성 판단기준은? (새마을금고)

① BIS 비율
② 지급여력비율
③ 고정이하 여신비율
④ BSI 비율

정답 ①

해설 BIS 비율은 은행의 건전성 판단기준으로 위험가중자산중에서 자기자본이 차지하는 비율이 최소 8%이상 되어야 한다.
지급여력비율은 보험사의 건전성 판단기준으로 보험회사가 가입자에게 보험금을 제때에 지급할 수 있는지를 나타낸다.
고정이하 여신비율이란 저축은행의 건전성 판단기준으로 총여신에서 고정이하의 여신이 차지하는 비율을 말한다.
BSI비율이란 경기변동을 판단하는 기준을 말한다.

30 세계 3대 신용평가기관이 아닌 것은? (새마을금고)

① S&P
② 무디스
③ 피치
④ IMD

정답 ④

해설 세계 3대 신용평가기관은 S&P, 무디스, 피치가 속한다.
IMD는 스위스 국제경영개발원으로 국가경쟁력 지수를 발표한다.

31 경제고통지수에 해당되지 않는 것은? (새마을금고)

① 실업률
② 물가상승률
③ 부도율
④ 자살률

정답 ④

해설 경제고통지수란 실업률과 물가상승률 그리고 부도율을 더하고 생산증가율을 차감해서 구한다.

32 빈곤계층들의 소규모 사업지원을 위한 무담보 소액대출을 무엇이라 하는가? (하나은행)

① 마이크로 론
② 푸어 크레디트
③ 미니 크레디트
④ 마이크로크레디트

정답 ④

해설 마이크로 크레디트란 은행이라는 전통적인 금융기관으로부터 금융서비스를 받을 수 없는 빈곤계층에 소액의 대출과 여타의 지원 활동을 제공함으로써 이들이 빈곤에서 벗어날 수 있도록 돕는 활동을 말함

33 다음 중 지방세에 포함되지 않는 것은? (기업은행)

① 종합부동산세
② 재산세
③ 담배소비세
④ 주민세

정답 ①

해설 지방세는 11개 세목이 있는데, 취득세, 재산세, 등록면허세, 지역자원시설세, 자동차세, 지방소득세, 주민세, 지방소비세, 담배소비세, 레저세, 지방교육세가 있다.

34 적대적 M&A의 방어방법이 아닌 것은? (기업은행)

① 백기사
② 그린메일
③ 황금주
④ 포이즌필

정답 ②
해설 그린메일은 투기성 자본이 인수대상기업의 지분을 매집한 뒤 인수합병 포기의 대가로 높은 가격에 지분을 되사줄 것을 요구하는 행위를 말하며 적대적 M&A의 공격방법이다.

35 조세에 대한 설명 중 틀린 것은? (하나은행)

① 특별소비세는 간접세 중 소득의 재분배를 위한 세금에 해당한다.
② 조세는 크게 국세와 지방세로 구분된다.
③ 소득세는 간접세이다.
④ 정부는 자금을 조달하기 위하여 조세나 국채발행을 사용한다.

정답 ③
해설 소득세는 직접세에 해당된다. 부가가치세는 간접세에 해당된다.

36 M&A와 관련이 없는 것은? (새마을금고)

① 백기사
② 엔젤클럽
③ 포이즌필
④ 황금낙하산

정답 ②
해설 엔젤클럽은 신생 벤처 기업의 초기 자금 형성에 참여하는 투자 그룹을 말한다.

37 생태계의 쫓고 쫓기는 평형관계를 무엇이라 하는가? (새마을은행)

① 블루퀸 효과
② 블랙퀸 효과
③ 레드퀸 효과
④ 그레이퀸 효과

정답 ③

해설 1973년 시카고대학의 진화 학자 밴 베일른은 생태계의 쫓고 쫓기는 평형 관계를 '레드퀸 효과(Red Queen Effect)'라 일컬었으며, 오늘날 기업경쟁구조를 표현하는데 있어서 사용되고 있다.
생태계에서 포식자는 속도 경쟁에서 앞서고 느린 피식자를 잡아먹고 살기 때문에 피식자는 물려받은 선천적 형질에 후천적으로 끊임없는 학습과 노력을 배가시켜 더 빨리 달리게 된다. 생물학적으로는 포식자와 피식자의 관계, 즉 포식자에게 잡히지 않으려면 더 빨리 뛰어야하는 피식자의 운명에 대한 이야기로 표현되기도 한다.

38 다음 중 틀린 것은? (새마을금고)

① M&A – 기업인수·합병
② R&D – 연구 및 개발
③ ILO – 국제노동기구
④ CRV – 기업구조조정 알선회사

정답 ④

해설 CRV – 기업구조조정기구로 기업체가 금융기관으로부터 받은 대출금을 자본금으로 전환하였을 때, 그 주식을 매입하거나 전문적으로 관리해 주는 금융회사를 말한다.

39 치열한 경쟁시장을 의미하는 개념은? (하나은행)

① 블루오션
② 레드오션
③ 퍼플오션
④ 블랙오션

정답 ②

해설 레드오션이란 이미 잘 알려져 있어서 경쟁이 매우 치열하여 붉은(red) 피를 흘려야 하는 경쟁시장을 말한다.
블루오션이란 현재 존재하지 않거나 알려져 있지 않아 경쟁자가 없는 유망한 시장을 가리킨다.
퍼플오션이란 치열한 경쟁 시장인 레드오션과 경쟁자가 없는 시장인 블루오션을 조합한 말이다. 기존의 레드오션에서 발상의 전환을 통하여 새로운 가치의 시장을 만드는 경영전략을 퍼플오션 전략이라고 한다.

40 DTI와 LTV에 대한 설명 중 옳지 않은 것은? (기업은행)

① DTI는 총부채상환비율로 투기지역은 일반적으로 40%가 적용된다.
② LTV는 주택담보인정비율로 투기지역은 일반적으로 40%가 적용된다.
③ DTI와 LTV는 부동산가격 과열을 해결하기 위하여 도입된 제도이다.
④ DTI와 LTV 중 높은 것을 적용한다.

정답 ④
해설 DTI와 LTV중 낮은 것을 적용한다.

41 자신들의 상품을 각종 구설수에 휘말리도록 함으로써 소비자들의 이목을 집중시켜 판매를 늘리려는 마케팅 방식은? (새마을은행)

① 노이즈 마케팅
② 바이럴 마케팅
③ 버즈 마케팅
④ 디마케팅

정답 ①
해설 노이즈 마케팅 – 자신들의 상품을 각종 구설수에 휘말리도록 함으로써 소비자들의 이목을 집중시켜 판매를 늘리려는 마케팅
바이럴 마케팅 – 바이럴 마케팅(viral marketing)은 누리꾼이 이메일이나 다른 전파 가능한 매체를 통해 자발적으로 어떤 기업이나 기업의 제품을 홍보하기 위해 널리 퍼뜨리는 마케팅 버즈 마케팅 – 소비자들이 자발적으로 상품 및 서비스에 대한 긍정적인 소문을 내도록 하는 마케팅
디마케팅 – 기업들이 자사 상품에 대한 고객의 구매를 의도적으로 줄임으로써 적절한 수요를 창출하는 마케팅

42 기업이 영업활동을 통하여 얻은 영업이익에서 법인세 · 금융 · 자본비용 등을 제외한 금액을 무엇이라 하는가? (새마을은행)

① ROI
② NPV
③ EVA
④ PER

정답 ③
해설 경제적 부가가치(EVA)는 기업이 벌어들인 영업이익 가운데 세금과 자본비용을 뺀 금액. 즉 해당기업이 투하자본과 비용으로 실제로 얼마나 이익을 많이 벌었는가를 나타내는 지표
ROI – 투자수익률은 가장 널리 사용되는 경영성과 측정기준 중의 하나로, 기업의 순이익을 투자액으로 나누어 구한다
NPV – 순현재가치, PER – 주가수익률

43 공무원의 징계에 해당하지 않는 것은? (새마을은행)

① 정직
② 해임
③ 강등
④ 직위해제

정답 ④

해설 2009년 4월 1일부터 공무원 징계에 강등이 포함되어 공무원의 징계에 견책, 감봉, 정직, 강등, 해임, 파면이 포함되어 있음. 직위해제는 인사상 불이익 처분에 해당

44 상업은행과 투자은행의 분리법안은? (기업은행)

① 글래스 – 스티걸법
② 샤베인 – 옥슬리법
③ GLB법(Gramm–Leach–Bliley Act)
④ 엑슨 플로리오법

정답 ①

해설 글래스 – 스티걸법이란 상업은행과 투자은행의 분리법안을 말하고, 반대로 GLB법(Gramm–Leach–Bliley Act)은 상업은행과 투자은해의 결합법안을 말한다.
샤베인 – 옥슬리법은 분식회계와 관련하여 회계의 투명성을 강조한 법이다.
엑슨 – 플로리오법은 안보에 위해가 된다고 판단되는 외국인 투자를 정부가 직접 조사하고 철회를 요구할 수 있도록 되어 있다.

45 고정금리와 변동금리를 교환하는 금리 스왑과 미래의 매매권을 거래하는 옵션을 무엇이라 하는가? (기업은행)

① 선물
② 옵션
③ 스왑
④ 스왑션

정답 ④

해설 스왑션이란 고정금리와 변동금리를 교환하는 금리 스왑과 미래의 매매권을 거래하는 옵션, 이 두 가지를 조합한 거래로 이는 파생금융상품이 한 단계 진보한 형태이다.

46 회사채, 금융회사 대출채권, 자산담보부증권(ABS)등을 한데 묶어 만든 신용파생상품을 무엇이라 하는가? (기업은행)

① CLO
② CBO
③ CDO
④ CDS

정답 ③

해설 CLO – 대출채권담보부 증권
CBO – 채권담보부 증권
CDO – 부채담보부 증권
CDS – 기업의 신용을 사고 파는 신용파생상품

47 선물가격과 현물가격의 가격차를 무엇이라 하는가? (기업은행)

① 베이시스
② 듀레이션
③ 스프레드
④ 백워데이션

정답 ①

해설 베이시스란 선물가격과 현물가격의 차이를 말한다.
베이시스의 값이 (+)이면 콘탱고, (–)이면 백워데이션이라고 한다.

48 한국의 주가지수의 명칭은? (하나은행)

① KOSPI
② NIKKEI
③ FTSE
④ KOSDAQ

정답 ①

해설 코스피(KOSPI)란 한국거래소에 상장되어 거래되는 모든 주식을 대상으로 산출해 전체 장세의 흐름을 나타내는 지수를 말한다.
니케이(NIKKEI)는 일본의 주가지수, FTSE는 영국의 주가지수, 코스닥은 한국의 장외주식거래시장을 말한다.

49 서킷브레이커에 대한 설명 중 틀린 것은? (기업은행)

① 종합주가지수가 전일에 비해 10%를 넘는 상태가 1분이상 지속되는 경우 발동된다.
② 선물시장에서 영향이 주식시장에 미치지 않게 저지하는 것을 말한다.
③ 장 종료 40분 전에는 발동되지 않는다.
④ 하루에 한번만 발동할 수 있다.

정답 ②

해설 ②는 사이드카에 대한 설명으로 선물가격이 전일 종가 대비 5%이상 등락해 1분이상 계속될 때 발동된다.

50 예금자보호법에 의한 보호상품에 해당되는 것은? (기업은행)

① MMF
② CMA
③ MMDA
④ ELS

정답 ③

해설 MMDA는 수시 입출 저축성예금으로 실적배당상품과 같이 시장금리를 지급하면서 인출 및 이체도 월6회 이내로 비교적 자유롭게 되어 있다. 5,000만원까지 예금자 보호가 되는 확정금리형 상품이다.

51 선물가격이 전일 종가 대비 5%이상 등락해 1분이상 계속될 때 발동되는 것은? (새마을금고)

① 사이드카
② 서킷브레이커
③ 웩더독 현상
④ 백기사

정답 ①

해설 사이드카는 선물가격이 현물시장에 영향을 미치는 것을 막기 위하여 발동한다.

52 금융기관이 보험상품을 판매하는 것을 가리키는 용어는? (새마을금고)

① 방카슈랑스
② 어슈어방크
③ 포타슈랑스
④ 마트슈랑스

정답 ①

해설 방카슈랑스는 뱅크(bank)와 어슈어런스(assurance)의 합성어로 금융기관이 보험상품을 판매하는 것을 말한다.
어슈어방크는 보험기관이 금융상품을 판매하는 것을 말한다.
포타슈랑스는 포털(portal)에서 보험상품을 판매하는 것을 말한다.
마트슈랑스는 마트에서 보험상품을 판매하는 것을 말한다.

53 단기 이동평균선이 중장기 이동평균선을 위에서 아래로 뚫고 내려가는 현상으로 약세장으로 전환되는 신호로 해석되는 것은? (하나은행)

① 골든크로스
② 데드크로스
③ 서킷브레이커
④ 웩더독

정답 ②

해설 골든크로스는 단기이동평균선이 중장기 이동평균선을 아래에서 위로 뚫고 가는 현상을 말하고 데드크로스는 반대로 단기이동평균선이 중장기 이동평균선을 위에서 아래로 뚫고 가는 현상을 말한다.

54 주가 지수 선물, 주가 지수 옵션, 개별주식 옵션, 개별주식 선물 등 4개 파생상품 시장의 만기일이 동시에 겹치는 날을 무엇이라 하는가? (기업은행)

① 트리플 위칭데이
② 쿼드러플 위칭데이
③ 섬머랠리
④ 산타랠리

정답 ②

해설 쿼드러플 위칭데이는 주가 지수 선물, 주가 지수 옵션, 개별주식 옵션, 개별주식 선물 등 4개 파생상품 시장의 만기일이 동시에 겹치는 날로 3, 6, 9, 12월 둘째 목요일마다 트리플 위칭 데이가 찾아온다.

55 신용회복제도가 아닌 것은? (새마을금고)

① 개인워크아웃 ② 개인파산제도
③ 개인회생 ④ 리볼빙제도

정답 ④

해설 개인워크아웃 – '개인워크아웃'의 정식명칭은 '신용회복지원제도'로, 금융기관간 맺은 '신용회복지원협약'에 따른 신용불량자 구제제도이다. 사회적으로 신용불량자가 급증하자 금융감독원이 신용불량자 증가 억제 및 금융이용자보호대책의 일환으로 2002년 10월 도입되었다.
개인파산제도 – 개인이 자신의 모든 채무를 변제할 수 없는 상태에 빠진 경우 채무의 정리를 위해 스스로 파산 신청을 할 수 있게 한 제도를 말한다.
개인파산 제도의 주된 목적은, 모든 채권자가 평등하게 채권을 변제받도록 보장함과 동시에, 채무자는 남아 있는 채무에 대한 변제 책임을 면제받아 경제적으로 재기・갱생할 수 있는 기회를 부여하는 것이다.
개인회생 – 재정적 어려움으로 인해 파탄에 직면한 개인채무자의 채무를 법원이 강제로 재조정해 파산을 구제하는 제도로 사회문제로 대두된 개인 신용불량자 문제를 해소하기 위해 제정되어 2004년 9월부터 시행되었다.
리볼빙제도 – 신용카드회원이 현금서비스(Cash Advance) 및 일시불 구매 카드이용대금의 일정금액 또는 일정비율을 상환하면 잔여이용대금의 상환이 연장되고, 회원은 잔여이용한도 범위에서 계속해서 카드를 이용할 수 있는 결제방식

56 현금영수증제도에 대한 설명 중 옳지 않은 것은? (기업은행)

① 현금영수증제도란 일정 한도의 현금영수증에 대하여 소득공제나 세액공제의 혜택을 주는 제도를 말한다.
② 현금영수증 발행 대상금액은 건당 5,000원 이상이다.
③ 근로소득자 및 근로소득자의 직계존비속(연간 소득금액 100만원 이하)인 경우에는 총급여액의 20%를 초과하는 현금영수증 사용금액의 20%를 공제받는다.
④ 사업자의 경우에는 현금영수증 총액의 1%를 부가가치세에서 공제받는다.

정답 ②

해설 현금영수증 발행 대상금액은 기존 건당 5,000원 이상에서 2008년 7월부터 건당 1원 이상으로 변경되었다

57 헤지펀드에 대한 설명 중 맞지 않는 것은? (하나은행)

① 헤지펀드는 퀀텀펀드가 대표적이다.
② 헤지펀드는 텍스헤이븐(tax haven)에 적을 두기도 한다.
③ 헤지펀드는 정부 주도하에 있는 펀드이다.
④ 헤지펀드는 고수익, 고위험이 존재한다.

정답 ③

해설 헤지펀드는 투자 위험 대비 높은 수익을 추구하는 적극적 투자자본으로 투자지역이나 투자대상 등 당국의 규제를 받지 않고 고수익을 노리지만 투자위험도 높은 투기성자본이다.
국제적으로는 주로 100명 미만의 투자가들로부터 개별적으로 자금을 모아 「파트너 쉽(pa rtnership)」을 결성한 뒤, 조세회피지역에 위장 거점을 설치해 자금을 운영한다.
헤지펀드 중 퀀텀펀드나 타이거펀드가 그 대표적인 예이다.

PART03 객관식 | 단답형 예상문제

| 기출문제를 토대로 변형된 예상문제를 점검하여 문제의 적응력을 높일 수 있습니다.

3

객관식 예상문제
단답형 예상문제

은행기업의 최신입사 필기시험 기출문제는 은행권시험을 준비하는데 있어 아주 중요한 이정표가 된다. 오랜기간 치러진 시험이 아니라 2018년도부터 부활된 전공필기시험이기 때문에 최신 기출문제를 파악하고 출제경향을 분석하는 것은 경제공부의 시작과 방향 그리고 공부범위를 설정하는데 아주중요한 자료이다. 쓸데없이 부분을 많이 공부하는 것 보다 정확한 범위에 많은 시간을 할애하여 정확하게 공부하는 전략이 필요하다.

출제포인트 | 기출문제를 중심으로 주변 키워드와 관련키워드 중심의 예상문제

❶ 이미 출제되었던 문제일지라도 주요 이슈가 되고 있는 키워드는 재 출제 가능성이 높다. 다만, 같은 문제가 출제되지 않고 변형되어 출제된다. 보기를 바꾸거나 보기와 문제의 내용을 교환하여 변형된 문제로 출제된다.

❷ 키워드의 특징을 정확하게 파악하고 있다면 변형된 문제라도 혼동하지 않고 풀어낼 수 있다. 객관식 문제를 풀 때 문제에 답을 표기 하지 않고 2-3번 다시 풀어보아야 한다.

❸ 기출문제의 보기에 기재된 모든 키워드에 대한 설명과 해설 그리고 해설내용을 기본서에서 찾아 복습한다면 어떠한 변형 문제가 출제되어도 당황하지 않고 풀어 낼 수 있다.

제1장 객관식 예상문제

01 한 재화의 가격이 상승하면 그에 따라 다른 재화의 수요가 증가하는 관계는?

① 대체재
② 보완재
③ 기펜재
④ 독립재

정답 ①

해설 대체재는 다른 재화의 가격변화와 해당 재화의 수요변화의 방향이 같다. 즉, 한 재화의 가격이 상승하면 해당재화의 수요량이 감소하고 따라서 다른 재화의 수요가 증가한다.

02 소득이 증가함에 따라 수요가 증가하는 것은?

① 열등재
② 보완재
③ 대체재
④ 보통재

정답 ④

해설 보통재를 정상재라 말하기도 한다.

03 가격이 상승하면서 수요도 같이 늘어나는 효과는?

① 베블렌 효과
② 전시 효과
③ 스납효과
④ 의존효과

정답 ①

해설 베블렌 효과(Veblen effect)는 허영효과라고 하며 스납효과(Snob effect)는 속물효과라고 한다.
전시효과(Demonstration effect)는 후진국이나 저소득자가 선진국 또는 고소득자의 소비양식을 모방하는 것을 말한다.
의존효과는 소비자의 수요가 생산자의 광고등에 영향을 받는 것을 말한다.

04 수요법칙에 대해 예외적인 현상은?

① 기펜의 역설
② 경제효과
③ 소득효과
④ 피구효과

정답 ①

해설 가격이 하락하는데도 그 재화를 소비하는 대신 보다 우등한 재화를 소비함으로써 그 재화의 수요가 감소하는 것을 기펜의 역설이라고 한다.

05 수요의 가격탄력성이 '1'보다 작을 때 가격이 오르면 소비자의 총지출액은?

① 증가
② 감소
③ 불변
④ 증가할 수도 있고 감소할 수도 있다.

정답 ①

해설 수요의 가격탄력성이 1보다 작다는 것은 비탄력적이라는 말이다. 비탄력적일 때 가격이 오른다 하더라도 소비자의 수요량은 적게 감소한다. 따라서 소비자의 총지출액은 증가한다.

06 매달 60만원의 수입이 있는 사람이 14만원을 저축하고, 23만원을 음식물비로, 나머지는 기타의 생계비로 지출한다면 이 사람의 엥겔 계수는 얼마인가?

① 20%
② 40%
③ 50%
④ 60%

정답 ③

해설 엥겔의 법칙이란 가계의 총지출에서 식비의 비중이 높아짐을 뜻한다.
따라서 위 문제에서 엥겔 계수를 구하면 가계의 총지출은 수입 60만원에서 14만원을 차감한 46만원이 되고 그 중에서 식비가 23만원을 차지하므로 50%가 된다.

07 기업의 총이윤이 최대화되기 위한 조건은?

① 한계비용보다 한계수입이 클 때
② 한계수입과 한계비용이 같을 때
③ 총비용이 최소가 될 때
④ 한계수입과 한계비용 차이가 가장 클 때

정답 ②

해설 이윤이 극대화되기 위한 1계 조건은 '**한계수입 = 한계비용**'이고 2계 조건은 '**한계비용곡선의 기울기 〉 한계수입곡선의 기울기**'이다.

08 개별기업에서 수요의 가격탄력성이 가장 큰 경우는?

① 독점적 경쟁기업
② 완전경쟁기업
③ 독점기업
④ 과점기업

정답 ②

해설 완전경쟁기업의 경우 개별기업이 직면하는 수요곡선은 수평선이므로 수요의 가격탄력성은 무한대이다.

09 완전경쟁시장이 되기 위한 조건으로 적당하지 않은 것은?

① 다수의 수요자와 공급자가 존재한다.
② 산업에 대한 진입이 자유로워야 한다.
③ 경제단위는 완전한 정보를 가지고 있다.
④ 시장에 내놓은 생산품이 이질적이어야 한다.

정답 ④

해설 완전경쟁시장이 되기 위해서는 생산품이 동질적이어야 한다.

10 가격차별화가 실시되는 시장에서 나타나는 현상이 아닌 것은?

① 두 시장의 수요탄력성의 차이
② 두 시장에 판매되는 재화의 질적 차이
③ 두 시장이 상호 분리될 수 있는 진입 여건
④ 두 시장 간의 상호 재판매가 불가능한 조건

정답 ②
해설 동일한 재화에 두 가지 이상의 조건을 붙여 판매하는 방식을 말한다. 가격차별화는 재화의 질적 차이와는 관계가 없다.

11 소득불평등도지표의 하나로 저소득층과 고소득층간의 소득분배를 나타내는 것은?

① 로렌츠곡선
② 지니계수
③ 앳킨슨지수
④ 십분위분배율

정답 ④
해설 십분위분배율이란 최하위 40%의 소득점유율을 최상위 20%의 소득점유율로 나눈값을 말한다. 0과 2의 값을 가지며 그 값이 클수록 소득분배가 평등해진다.
로렌츠곡선과 지니계수는 특정소득계층을 분석하지 못한다는 단점이 있는 반면 십분위분배율은 특정소득계층만을 나타낸다는 단점이 있다.

12 한 사회내의 어떤 사람의 후생을 감소시키지 않고서는 다른 사람의 후생을 증가시킬 수 없는 배분상태를 가리키는 것은?

① 세이의 법칙
② 파레토최적
③ 쿠즈네츠의 U자가설
④ 그레샴의 법칙

정답 ②
해설 파레토최적이란 모두에게 이득이 되는 변화를 만들어낼 수 없는 상태를 말한다.

13 **시장의 실패란?**

① 자원의 최적배분이 되지 않는 것
② 시장 동향의 파악에 실패하는 것
③ 수요와 공급의 가격결정 기능이 약화된 것
④ 생산과 소비의 파레토 최적에 실패하는 것

정답 ①

해설 시장실패란 시장기구가 자원을 효율적으로 배분하는데 실패하게 되는 현상을 말한다.

14 **다음 보기 중 도덕적 해이의 예로서 옳지 않은 것은?**

① 사고가능성이 높은 운전자가 조건이 좋은 자동차종합보험에 자진 가입한다.
② 화재보험에 가입한 피보험자가 화재방지노력을 게을리 한다.
③ 정액월급을 받는 고용사장이 골프를 많이 친다.
④ 공동생산 시 동료들의 눈을 피해 땡땡이를 친다.

정답 ①

해설 ①은 역선택을 설명하고 있는데 역선택이란 정보수준이 낮은 자가 바람직하지 못한 상대방과 거래하는 것을 말한다.

15 **다음 중 재정정책 수단은?**

㉠ 조세정책	㉡ 정부지출정책
㉢ 공개시장조작정책	㉣ 지급준비율정책

① ㉠, ㉡
② ㉠, ㉢
③ ㉠, ㉡, ㉣
④ ㉠, ㉡, ㉢, ㉣

정답 ①

해설 재정정책 수단에는 조세정책과 정부지출정책이 있다.

16 금융긴축정책의 파급효과를 옳게 나타낸 것은?

① 통화량감소 → 이자율하락 → 투자감소 → 국민소득증가
② 통화량증가 → 이자율상승 → 투자증가 → 국민소득감소
③ 통화량증가 → 이자율하락 → 투자증가 → 국민소득증가
④ 통화량감소 → 이자율상승 → 투자감소 → 국민소득감소

정답 ④

해설 금융긴축정책은 통화량이 감소하여 이자율이 상승한다. 이자율 하락은 투자의 비용을 상승시켜 투자의 위축을 가져오고 국민소득의 감소를 유발한다.

17 물가가 상승하고 있을 경우에 바람직한 금융정책방법은?

① 재할인율의 인상과 지급준비율 인하
② 재할인율의 인하와 지급준비율 인하
③ 재할인율의 인상과 지급준비율 인상
④ 재할인율의 인하와 지급준비율 인상

정답 ③

해설 물가가 상승하고 있을 때는 통화량을 감소시켜야 한다. 통화량을 감소시키기 위하여 재할인율과 지급준비율을 인상시켜야 한다.

18 금년에 대학을 졸업한 갑은 1년 동안 열심히 일자리를 찾았으나 결국 실패하여 실망한 끝에 일자리 찾기를 포기하였다. 구직을 포기한 갑의 행동이 가져올 결과는?

① 실업자 수는 영향을 받지 않는다.
② 실업률이 감소한다.
③ 실업률이 증가한다.
④ 실업률은 전혀 영향을 받지 않는다.

정답 ②

해설 구직포기자는 비경제활동인구로 분류되므로 실업률이 감소한다.

19 필립스곡선의 내용을 설명한 것 중 옳지 않은 것은?

① 완전고용과 물가안정은 동시에 달성 가능하다.
② 물가안정과 완전고용의 동시달성이 어려움을 나타내고 있다.
③ 인플레이션은 실업의 함수이다.
④ 임금상승률은 노동의 초과수요의 함수이다.

정답 ①

해설 필립스곡선이 우하향 한다는 것은 물가안정과 완전고용을 동시에 달성할 수 없음을 의미한다.

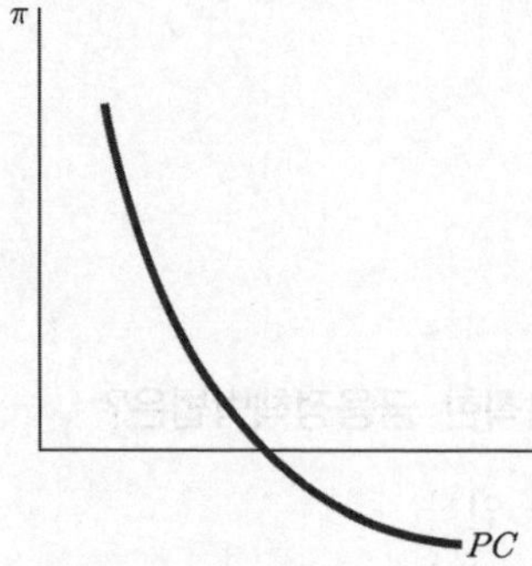

(π: 물가상승률, u: 실업률)

20 어느 경제의 총인구가 4,000만 명, 15세미만의 인구가 1,500만 명, 비경제활동인구가 1,000만 명, 그리고 실업자가 50만 명이다. 실업률은 얼마인가?

① 0.8%
② 2%
③ 5%
④ 3.3%

정답 ④

해설 (50/1,000)×100 = 3.3%

21 **다음 중 관광객의 여행 경비는 어디에 속하는가?**

① 자본수지 ② 상품수지
③ 이전소득수지 ④ 서비스수지

정답 ④
해설 서비스수지는 여행, 보험서비스, 운수서비스 등 서비스 거래에 관계가 있는 수입과 지출의 차액을 나타내는 수지를 말한다.

구분		내용
경상수지	상품수지	상품의 수출과 수입
	서비스수지	서비스의 수출과 수입(예 운수, 여행, 보험서비스 등)
	본원소득수지	생산요소의 제공으로 발생(예 임금, 배당, 이자)
	이전소득수지	아무런 대가없이 무상으로 제공(예 송금, 무상원조 등)
자본 · 금융계정	자본수지	기타자산의 매매를 계상(예 자본이전, 특허권 등)
	금융계정	대외금융자산 또는 부채의 소유권 변동과 관련된 거래(예 직접투자, 포트폴리오투자, 기타투자 등)
오차 및 누락		차변과 대변의 균형을 위해 필요한 항목

22 **다음 중 고정환율제도의 장점이 아닌 것은?**

① 무역거래나 자본거래에 종사하는 사람들이 불의의 환율변동으로 인해 손해를 입을 염려가 없어, 안심하고 국제거래에 종사할 수 있다.
② 환율에 관한 불확실성이 없으므로, 국제거래를 촉진하여 국제시장을 확대하는데 도움이 된다.
③ 국제수지의 지속적 균형유지가 가능하다.
④ 환율변동에 따른 환투기를 방지할 수 있다.

정답 ③
해설 변동환율제도의 가장 큰 장점으로는 국제수지가 자동적으로 균형을 이룬다는 것이다.

23 **환율하락을 가져오는 원인은 다음 중 어느 것인가?**

① 외국인투자 확대, 해외경기 회복
② 외국인투자 축소, 해외경기 불황
③ 통화량 감소, 국내경기 불황
④ 통화량 증가, 국내경기 불황

정답 ①
해설 외국인투자 확대는 외환공급을 증가시키고 해외경기 회복은 수출증대로 외환공급을 증대시킨다.

24 금융기관이 우량기업에 적용하는 최우대 대출금리를 무엇이라 하는가?

① 순수금리
② 콜금리
③ 기준금리
④ 우대금리

정답 ④

해설 프라이임레이트(prime rate)라고도 하는 우대금리는 은행 등 금융기관들이 신용도가 가장 좋은 고객에게 적용시키는 최저금리를 말한다.

25 성장률과 주가 등 각종 경제 변수를 시나리오별로 최악의 상황까지 가정해 잠재손실 및 은행들의 대처능력을 평가하는 방법은?

① BIS자기자본비율
② 스트레스 테스트
③ 프로젝트 파이낸싱
④ 신용 등급 조정

정답 ②

해설 스트레스 테스트란 '금융시스템 스트레스 테스트'의 준말로 예외적이지만 발생할 수 있는 사건이 터졌을 때 금융시스템이 받게되는 잠재적 손실을 측정하는 방법

26 과도한 기대로 인한 투자 실패를 막고 수익을 극대화하기 위해 실적 기대가 최고조에 달했을 때 시장에서 빠져나오는 투자전략을 뜻하는 용어는?

① 절대수익 전략
② 원가우위 전략
③ 신데렐라 전략
④ 이벤트 활용 전략

정답 ③

해설 신데렐라 전략이란 신데렐라가 12시 이전에 파티장을 빠져 나와야 하듯이 실적 기대감이 절정인 12시가 되기 전에 시장에서 벗어나는 전략을 말한다. 이는 메릴린치(Merrill Lynch)의 퀀트 전략가(Quant Strategist)이자 수석 이코노미스트였던 리처드 번스타인(Richard Bernstein)의 투자시계 개념을 차용한 것이다.

27 상대적으로 금리가 낮아진 미국 달러화를 빌려 다른 통화로 표기된 주식이나 채권과 같은 고수익자산에 투자하는 것을 말하는 용어는?

① 달러캐리트레이드
② 트레이드오프
③ 달러라이제이션 [dollarization]
④ 달러위기

정답 ①
해설 상대적으로 금리가 낮아진 미국 달러화를 빌려 다른 통화로 표기된 주식이나 채권과 같은 고수익자산에 투자하는 것을 말한다.

28 예탁금을 어음이나 채권에 투자하여 그 수익을 고객에게 돌려주는 실적배당 금융상품으로 어음관리계좌라고 하는 것은?

① CMA
② MMF
③ MMDA
④ RP

정답 ①
해설 CMA란 예탁금을 어음이나 채권에 투자하여 그 수익을 고객에게 돌려주는 실적배당 금융상품을 말한다.

29 쿼드러플 위칭데이란 주가지수 선물과 옵션, 개별주가의 선물과 옵션 등 4가지 파생상품이 동시에 만기를 맞이하는 날로 마녀가 심술을 부리는 것과 같다 하여 이같이 불리우고 있다. 쿼드러플 위칭데이는 언제인가?

① 3, 6, 9, 12월 두 번째 금요일
② 3, 6, 9, 12월 세 번째 목요일
③ 3, 6, 9, 12월 두 번째 목요일
④ 3, 6, 9, 12월 세 번째 금요일

정답 ③
해설 3, 6, 9, 12월 두 번째 목요일

30 부동산 투자를 전문으로 하는 뮤추얼펀드를 가리키는 말은?

① 에스테이트
② 리츠
③ 빌딩펀드
④ 하우스머니

정답 ②

해설 에스테이트 – 열대 및 아열대에 발달한 기업적 대농장.
리츠 – 부동산 투자를 전문으로 하는 뮤추얼펀드. 리츠는 증권의 뮤추얼펀드와 같이 전문 펀드매니저들이 일반인과 기관 투자가들의 돈을 모아 펀드를 구성, 부동산에 투자해 수익을 투자자들에게 되돌려준다.
하우스 머니 – 투자에서는 이처럼 수익을 낸 투자자가 더 큰 위험을 기꺼이 감수 하고자하는 것을 도박 자금을 빗댄 것.

31 금융기관의 방만한 운영으로 발생한 부실자산이나 채권만을 사들여 별도로 관리하면서 전문적으로 처리하는 구조조정 전문기관은?

① 굿뱅크
② 배드뱅크
③ 한국은행
④ IMF

정답 ②

해설 배드뱅크란 금융기관의 방만한 운영으로 발생한 부실자산이나 채권만을 사들여 별도로 관리하면서 전문적으로 처리하는 구조조정 전문기관이다. 부실채권을 배드뱅크에 전부 넘겨버리면 부실은행은 우량 채권·자산만을 확보한 굿뱅크(good bank)로 전환되어 정상적인 영업활동이 가능해진다.

32 주식시장에서 발생할수 있는 위험(급격한하락)에서 손실을 줄이고자 만들어진 것이 선물시장이다. 그런데 선물시장의 규모가 커지고 순간적인 매수 혹은 매도 물량이 집중되어, 선물시장이 주식시장을 선도하는 경우가 생기게 된다. 이러한 현상을 설명하는 용어는?

① 치킨게임
② 사이드카
③ 웩더독
④ 서킷브레이커

정답 ③

해설 웩더독 – 주식시장과 선물시장의 관계는 주식시장을 개의 몸통, 선물시장을 개의 꼬리에 비유할수 있는데, 선물의 힘이 커져, 원래목적과 반대로 꼬리가 몸통을 흔드는 현상을 가져오고 있다.
치킨게임 – 어느 한쪽이 양보하지 않을 경우 참여자 모두가 피해를 입는다는 게임이론이다.
사이드카 – 급변하는 선물시장의 움직임으로부터 현물시장(코스피, 코스닥)을 보호하기 위해, 선물시장을 제어하는 제도이다.
서킷브레이커 – 주식시장에서 주가가 급등락하여 시장에 주는 충격을 축소하기위해 거래를 일시적으로 정지시키는 제도이다.

33 어떤 나라의 소비함수(C), 투자지출(I), 정부지출(G) 및 조세징수액(T)이 다음과 같이 주어져 있다고 한다. 균형국민소득은 얼마인가?(단위, 천억)

> C = 500 + 0.8(Y−T)
> I = 2,000, G = 1,000, T = 1,00

① 7,000억원
② 7,800억원
③ 1조
④ 1조 3,500억원
⑤ 1조 5,000억원

정답 ④

해설 균형국민소득 방정식은 Y = C + I + G이다. 박스에 있는 식이나 수를 대입하면 500 + 0.8(Y − 1,000) + 2,000 + 1,000 = Y
0.2Y = 2,700 Y = 13,500

34 재화 X의 공급곡선이 완전히 탄력적이고 수요곡선은 비탄력적이라고 가정하자. 정부가 종량세 100원을 부과했을 때 조세 귀착은?

① 생산자가 100원을 부담한다.
② 소비자가 100원을 부담한다.
③ 생산자와 소비자 모두가 부담한다.
④ 생산자와 소비자 아무도 부담하지 않는다.
⑤ 알 수 없다.

정답 ②

해설 현실에서 조세의무는 법적으로 정해진 부담자와 실질적인 부담자가 다른 경우가 많다. 즉, 세금 부과로 인해 높아진 가격 때문에 실제의 조세부담이 시장에서의 가격조정 과정을 통해 직・간접적으로 타인에게 전가되는 경우가 있는데 이를 '조세의 전가'라고 한다. 이러한 조세 전가를 통해 조세의 실질적인 부담이 담세자에게 귀속되는 것을 '조세 귀착'이라고 한다. 일반적으로 생산자와 소비자의 상대적인 조세 부담의 크기는 탄력성이 더 큰 주체의 부담이 작다. 문제에서는 재화 X에 대한 공급곡선은 완전히 탄력적이고 수요곡선은 비탄력적인 극단적 조세부담의 경우로 소비자가 종량세 100원 모두를 부담한다.

35 공급측면에서 인플레이션을 발생시키는 원인이 아닌 것은?

① 통화량 증가
② 국제 원자재가격 급등
③ 홍수 등과 같은 자연 재해
④ 환경보호에 대한 국민들의 인식 증대
⑤ 노동생산성을 초과한 과도한 임금 상승

정답 ①

해설 물가 수준이 지속적으로 오르는 현상을 인플레이션이라고 한다. 인플레이션의 원인으로는 수요견인 인플레이션, 비용인상 인플레이션 등이 있다. 공급 측면에서 총공급의 감소로 인플레이션이 발생하는 경우 비용인상 인플레이션이라 한다. 대표적인 요인으로 노동자의 과도한 임금인상, 석유 파동 등과 같은 공급충격 등을 들 수 있다. 원자재가격 급등, 자연 재해, 노동생산성을 초과한 과도한 임금 상승은 총공급의 감소요인이다. 환경보호에 관한 관심이 높아지면 관련 규제에 대응하기 위해 비용상승으로 총공급이 감소한다. 통화량의 증가는 수요견인 인플레이션의 요인이다.

36 다음은 시장실패에 대한 설명이다. 맞는 설명끼리 짝지어진 것은?

보기

가. 자연독점에 의한 불완전 경쟁은 시장실패의 주요한 원인이 아니다.
나. 비배제성과 비경합성을 특징으로 하는 재화는 과소공급되는 경향이 있다.
다. 공공재는 불특정 다수로부터 거둬들인 세금을 재원으로 공기업이 공급하는 재화를 의미한다.
라. 긍정적인 외부효과를 가진 재화나 서비스는 정부의 보조금 제공을 통해 생산량을 증가시킬 필요가 있다.

① 가, 나
② 가, 다
③ 나, 다
④ 나, 라
⑤ 다, 라

정답 ④

해설 시장실패란 시장이 자원을 효율적으로 배분하지 못할 때를 의미한다. 자연독점에 의한 불완전 경쟁은 전형적인 시장실패의 원인이다. 비배제성과 비경합성을 지닌 재화 및 서비스는 공공재다. 공공재는 비용을 부담한 주체 이외에 모든 사람이 사용 가능한 특징 때문에 시장에서 과소공급 된다. 공공재는 재화나 서비스의 성격에 따라 분류된 것이며, 공급 주체에 따라 분류된 것이 아니기 때문에 민간기업도 공공재를 공급할 수 있다. 긍정적 외부효과는 사회적으로 바람직한 수준보다 적게 일어날 개연성이 크다. 기초연구와 같은 분야가 이에 속한다. 따라서 보조금을 제공하면 생산량을 증가시킬 수 있다.

37 〈보기〉의 빈 칸에 들어갈 적당한 표현끼리 짝지어진 것은?

보기

A국과 B국 두 나라 사이의 환율이 오직 구매력 평가설에 의해서만 결정된다고 할 때, A국의 물가가 B국의 물가보다 더 빠르게 상승한다면 A국의 화폐가치는 B국에 비해 상대적으로 (ㄱ)하지만 (ㄴ)환율은 변하지 않는다.

① ㄱ – 하락, ㄴ – 실질
② ㄱ – 상승, ㄴ – 실질
③ ㄱ – 하락, ㄴ – 명목
④ ㄱ – 상승, ㄴ – 명목
⑤ 주어진 정보만으로는 알 수 없다.

정답 ①

해설 구매력평가설은 환율이 양국통화의 구매력에 의하여 결정된다는 이론이다. 기본가정은 동일한 재화에 대해서는 하나의 가격만 성립한다는 일물일가의 법칙이다. 일물일가의 법칙이 성립하면 환율은 두 나라 물가수준의 비율로 나타낼 수 있는데, 이를 절대적 구매력평가설이라고 한다. 절대적 구매력평가설이 성립한다면 양국에서 생산된 재화의 가격이 동일하므로 실질환율은 1이 된다. 즉, 구매력평가설을 따르면 물가 변동에 맞춰 명목환율이 변하므로 실질환율은 언제나 일정해진다. 물가가 오르면 화폐가치는 하락한다.

38 다섯 명의 학생이 '채권(bond)'과 관련한 다양한 용어를 설명했다. 다음 중 <u>틀린</u> 내용을 말한 사람은?

① 미영: 신용등급이 낮은 기업이 발행하는 투기등급 회사채를 '정크 본드(junk bond)'라고 불러
② 영미: 이자가 없는 대신 발행가격을 할인해 발행하는 채권을 '제로 쿠폰 본드(zero coupon bond)'라고 해
③ 은이: 외국 기업이 홍콩 채권시장에서 발행하는 위안화 표시 채권을 '딤섬 본드(dimsum bond)'라고 불러
④ 정아: 일본 기업이 타국 채권시장에서 발행하는 엔화 표시 채권을 '사무라이 본드(samurai bond)'라고 부르지
⑤ 숙이: 유사시 투자원금이 주식으로 강제 전환되거나 상각된다는 조건이 붙은 회사채를 '코코 본드(CoCo bond)'라고 해

정답 ④

해설 사무라이 본드는 일본 채권시장에서 외국 정부나 기업이 발행하는 엔화 표시 채권을 말한다. 미국의 양키본드, 영국의 불독본드 등과 함께 국제 금융시장에서 거래되는 대표적 국제채권이다. 딤섬 본드는 외국 기업이 홍콩 채권시장에서 발행하는 위안화표시채권을 말한다. 외국인 투자자들은 중국정부의 엄격한 자본통제 때문에 본토에서 발행되는 위안화표시 채권은 살 수 없는 반면 딤섬본드는 아무런 제한 없이 투자가 가능하다. 한편, 외국계 기업이 중국 본토에서 발행하는 위안화 채권은 판다본드라고 한다.

39 국제결제은행이 일반 은행에 권고하는 자기자본 비율을 '이것' 비율이라고 한다. 은행 경영의 건전성을 보여주는 지표인 이것은?

① IMD
② BIS
③ ROE
④ CSV
⑤ EPS

정답 ②

해설 금융 규제 완화에 대응해 은행들의 경쟁은 더욱 치열해졌고, 결국 은행들은 고위험・고수익 사업에 집중하게 됐다. 이런 현상을 위험하다고 여긴 국제결제은행 산하 바젤위원회가 1988년 은행의 파산을 막기 위해 은행 규제를 위한 최소한의 가이드라인을 제시한 것이 BIS 비율이다. 이것은 은행 감독을 위한 국제 기준으로 은행이 위험자산 대비 자기자본을 얼마나 확보하고 있느냐를 나타내는 지표다. 이 기준에 따라 적용대상 은행은 위험자산에 대해 최소 8% 이상 자기자본을 유지하도록 했다. 즉 은행이 거래기업의 도산으로 부실채권이 갑자기 늘어나 경영위험에 빠져들게 될 경우 최소 8% 정도의 자기자본이 있어야 위기 상황에 대처할 수 있다는 것이다.

40 시장 균형임금보다 높은 임금을 지급하면 생산성이 높아질 수 있다. 이런 임금을 무엇이라고 하는가?

① 연봉제
② 성과급제
③ 최저임금
④ 보상적 임금
⑤ 효율성 임금

정답 ⑤

해설 근로자의 임금은 근로자의 생산성에 따라 결정된다고 설명하는 전통적인 임금이론과 달리 효율성 임금이론은 근로자의 임금이 높으면 생산성이 올라간다고 본다. 높은 임금을 주면 이직률이 낮아지고 근로자의 근로의욕이 높아져 생산성이 향상된다는 것이다. 효율성 임금은 시장의 균형임금보다 높은 수준을 유지한다. 최저임금은 근로자의 생활 안정 등을 위해 법으로 규정한 임금의 최저 수준이다. 보상적 임금은 비금전적인 직업 속성의 차이를 보상해주기 위한 임금이다. 오염된 지역에서 근무하는 직업이나 물가가 비싼 지역에서 근무할 경우에 보상적 임금은 양의 값을 가진다.

41 다음 중 구축효과(crowding-out effect)를 설명한 것은?

① 정부가 민간부문의 통제를 강화하는 것
② 재정 확대와 총수요 증가로 실업이 감소하는 것
③ 재정지출 확대가 경제의 자유경쟁을 감소시키는 경향이 있는 것
④ 재정정책과 금융정책을 동시에 사용할 때 효과가 상쇄되는 경향이 있는 것
⑤ 재정지출 증가를 위한 자금 조달이 이자율을 상승시켜 민간 투자가 감소하는 것

정답 ⑤

해설 정부가 경기부양을 위해 채권 발행으로 확대 재정정책을 펴면 이자율이 상승해 민간 투자가 감소하는 효과를 구축효과라고 한다. 정부가 국채를 발행하면 채권 공급이 증가해(즉, 돈에 대한 수요가 증가해) 채권가격은 하락(이자율이 상승)한다. 일반적으로 투자는 이자율의 감소함수이므로 이자율이 상승하면 민간 투자가 줄어든다. 구축효과가 발생하면 정부의 재정정책이 무력해진다.

42 금융시장에 대한 다음 설명 중 옳지 않은 것은?

① 금융시장은 경제주체 간에 자금을 중개할 수 있게 해준다.
② 금융시장은 나라 경제의 저축과 투자를 중개하는 역할을 한다.
③ 자본시장이 발달하면 기업의 은행 차입 의존도가 높아지는 경향이 있다.
④ 은행과 저축은행 등 금융회사들은 자기자본을 일정비율 이상으로 유지해야 한다.
⑤ 금융시장은 자금중개와 금융자산 가격 결정, 유동성 제공, 금융거래 비용 감소 등의 기능을 한다.

정답 ③

해설 금융시장은 경제주체 간에 자금을 중개할 수 있게 해주며, 나라 경제의 저축과 투자를 중개하는 역할을 한다. 은행과 저축은행 등 금융회사들은 국제결제은행이 규정한 자기자본을 일정비율 이상 유지해야 한다. 이를 자기자본비율(BIS 비율)이라고 하는데, 보통 BIS 비율 8% 이상을 유지하도록 권고하고 있다. 한편 자본시장이 발달하면 기업의 은행 차입 의존도가 낮아지는 경향이 있다. 채권시장이나 주식시장이 발달해 은행 차입 외에 자금을 조달할 수 있는 수단이 많아지기 때문이다.

43 세금은 중앙정부가 거둬들이는 국세와 지방정부가 거둬들이는 지방세로 나뉜다. 다음 중 국세가 아닌 것은?

① 주세
② 소득세
③ 법인세
④ 재산세
⑤ 부가가치세

정답 ④

해설 세금은 과세권 주체에 따라 국세와 지방세로 나뉜다. 국세는 국가가 행정 서비스 등 국가 업무를 수행하기 위해 국민에게 부과 징수하는 조세다. 지방자치단체가 부과 징수하는 지방세와 대비된다. 국세는 소득세, 법인세, 부가가치세, 상속세, 주세, 종합부동산세 등이 있다. 납세자와 담세자의 일치 여부에 따라 직접세와 간접세로 나뉜다. 소득세, 법인세, 상속세, 종합부동산세는 직접세고 주세, 부가가치세는 간접세다. 지방세는 취득세, 주민세, 재산세, 자동차세 등이 있다. 지방세는 용도를 지정하지 않고 일반 경비에 충당하는 보통세와 특정한 경비에 충당하는 목적세로 나뉜다. 어떤 조세를 국세로 하고 지방세로 할 것인지의 명확한 기준은 없다. 다만 일반적으로 세원 규모가 크고 전국적인 것은 국세, 규모가 비교적 작고 지방에 보편적으로 산재한 것은 지방세 대상으로 하고 있다.

44 다음 현상과 공통적으로 관련 있는 경제 용어는?

> • 자기가 소유하는 목초지는 정성스럽게 가꾸지만, 마을 사람이 공동으로 소유하는 목초지는 나 몰라라 하고 방치한다.
> • 한강에 마구잡이로 오염물질과 쓰레기를 버린다면 물고기들이 죽고, 식수로 쓰기 힘든 상황이 닥칠 것이다.

① 역선택
② 경제적 유인
③ 구성의 오류
④ 절약의 역설
⑤ 공유지의 비극

정답 ⑤

해설 공유지의 비극은 공유지와 같은 공유 자원은 소유권이 설정돼 있지 않기 때문에 과다하게 사용해 고갈된다는 내용이다. 예를 들어 초원이 공유지라면 양이나 소를 키우는 사람들이 자신의 가축이 그 초원의 풀을 마구잡이로 뜯어 먹어 초원이 폐허로 변할 우려가 크다. 이런 현상을 해결하기 위해서는 사유재산권 확립이 중요하다. 공유지를 분할해주면 자신의 목초지가 허용하는 만큼 방목할 것이기 때문에 전체적으로 좋은 결과를 낳는다는 것이다. 공유지의 비극은 인간이 누구나 자기의 이익을 앞세우는 이기적인 존재라는 것을 전제로 한다.

45 커피와 설탕이 완전 보완재인 A국에서 커피는 전량 수입하고, 설탕은 전량 국내에서 생산한다. 자유무역을 하던 이 나라가 갑자기 정책을 바꾸어 모든 수입품에 수입가격의 10% 관세를 부과하기로 결정했다. 이런 결정이 A국의 커피시장과 설탕시장에 미치는 영향은?

① 설탕 공급이 감소한다.
② 커피 공급이 증가한다.
③ 커피 수입량과 거래량이 증가한다.
④ 설탕 거래량은 감소하고 가격은 하락한다.
⑤ 커피 거래량은 증가하고 가격은 상승한다.

정답 ④

해설 커피에 관세를 부과하면 커피 공급이 감소한다. 커피의 공급곡선은 왼쪽으로 이동한다. 이때 거래량은 감소하며 가격은 상승한다. 보완재는 두 재화를 동시에 소비할 때 효용이 증가하는 재화로 어느 한쪽의 수요가 증가(감소)하면 다른 한쪽의 수요도 증가(감소)한다. 커피와 완전 보완재 관계에 있는 설탕은 커피 가격이 상승하면 수요가 감소한다. 이 경우 설탕 수요곡선이 왼쪽으로 이동해 설탕 가격과 거래량 모두 하락한다.

46 다음은 여러 가지 채권에 대한 설명이다. 옳지 않은 것은?

① 이슬람 국가가 발행하는 채권은 수쿠크다.
② 딤섬본드는 홍콩에서 위안화로 발행하는 채권이다.
③ 정부나 지방자치단체, 공기업이 발행하는 채권을 국공채라고 한다.
④ 신용도가 아주 낮은 기업이나 나라가 발행하는 채권은 정크본드다.
⑤ 커버드본드는 은행이 부실해지면 강제로 주식으로 전환하거나 소각할 수 있는 채권이다.

정답 ⑤

해설 채권은 국가, 지방자치단체, 주식회사, 금융회사 등이 자금을 조달하기 위해 발행하는 유가증권이다. 채권 투자자는 일정한 이자를 받는다. 정부나 지자체, 공공기관이 발행하는 채권을 국공채라고 한다. 수쿠크는 이슬람 국가가 발행하는 채권이다. 딤섬본드는 홍콩 시장에서 발행하는 위안화 채권을 뜻한다. 정크본드는 신용등급이 낮은 기업이나 국가가 발행하는 채권으로, 고위험·고수익 채권이다. 커버드본드는 금융회사가 보유한 우량 자산을 담보로 발행하는 일종의 담보부채권이다. 은행이 부실해지면 강제로 주식으로 전환하거나 소각할 수 있는 채권은 코코본드다.

47 다음은 한 금융상품에 대한 설명이다. 이 금융상품은?

- 회사채의 일종이다.
- 발행회사가 보유하고 있는 다른 기업의 주식으로 바꿀 수 있다.

① EB
② BW
③ CB
④ 코코본드
⑤ 커버드본드

정답 ①

해설 교환사채(EB)는 발행회사가 보유하고 있는 다른 기업 주식과 교환할 수 있는 권리가 주어진 사채다. 채권을 주식으로 바꿀 수 있는 전환사채(CB)와 비슷하지만, 채권을 발행한 회사의 주식이 아닌 다른 회사의 주식으로 바꿀 수 있다는 점이 차이다. 커버드본드(covered bond)는 금융회사가 보유한 우량 자산을 담보로 발행하는 일종의 담보부채권이다. 신주인수권부사채(BW)는 일정 기간이 지나면 사채를 발행한 회사의 주식을 인수할 수 있는 권리가 주어진 사채다. 코코본드(CoCo bond)는 일정한 조건 아래 다른 증권으로 전환할 수 있는 채권을 뜻한다. 평소에는 채권이지만 자기자본비율이 일정 수준 이하로 떨어지거나 공적자금 투입이 불가피할 정도로 은행이 부실해지면 주식으로 전환되거나 상각된다.

제2장 단답형 예상문제

01 소득이 낮은 가족일수록 가계 지출에서 차지하는 식비의 비율이 커진다는 법칙은? (새마을 금고)

정답 엥겔의 법칙

02 금리를 아무리 낮추어도 투자나 소비 등의 실물경제에 아무런 영향을 미치지 못하는 상태를 무엇이라 하는가? (새마을 금고)

정답 유동성 함정

03 예금주의 요구가 있을 때 언제든지 지급할 수 있는 예금으로 보통예금 및 당좌예금 등이 들어가는 것은? (하나은행)

정답 요구불예금

04 통화정책의 궁극목표를 물가안정에 두고, 중앙은행이 명시적인 인플레이션 목표를 사전에 설정한 후 이를 대외적으로 천명한 후, 중간목표 없이 각종 통화정책수단을 통해 목표에 도달하려는 통화정책 운용방식을 무엇이라 하는가?

정답 물가안정목표제도(inflation targeting)

05 화폐 한 단위의 가치가 일정량의 금 가치에 결부되어 있는 화폐 제도는?

정답 금본위제도

06 어떤 재화의 가격이 하락하면 오히려 그 재화의 수요가 감소하는 현상으로 열등재의 경우에 발생하는 것은?

정답 기펜의 역설

07 소득이 줄어도 소비가 곧 줄지 않는 현상으로 소비의 비가역성 때문에 발생하는 효과는?

정답 톱니효과 또는 관성효과

08 한 사회내의 어떤 사람의 후생을 감소시키지 않고서는 다른 사람의 후생을 증가시킬 수 없는 상태를 무엇이라 하는가?

정답 파레토 최적

09 정부지출증가가 이자율 상승로 투자의 감소를 가져오는 현상은?

정답 구축효과(crowding-out effect)

10 세율과 조세수입과의 관계를 나타내는 곡선은?

정답 래퍼곡선

PART 01. 경제용어
PART 02. 은행권 최신 기출문제
PART 03. 예상적중문제
PART 04. 경제 및 금융 시사이슈

11 1969년 국제통화기금(IMF) 워싱턴회의에서 도입이 결정된 가상의 국제준비통화는?

정답 특별인출권(Special Drawing Rights: SDR)

12 한 국가내에 있는 모든 생산요소를 정상적으로 고용했을 때 도달가능한 GDP는?

정답 잠재GDP

13 한국은행의 기준금리는? (기업은행)

정답 RP 7일물 금리

14 3대 외환시장은? (하나은행)

정답 런던, 도쿄, 뉴욕

15 개발도상국의 현지생산이 선진국에 역수출되어 해당산업과 경합을 벌이는 현상은? (하나은행)

정답 부메랑 효과

16 유럽 국가 가운데 최근 심각한 재정 위기와 국가채무에 시달리고 있는 국가들의 앞글자를 따서 만든 신조어는? (기업은행)

정답 PIIGS
P: 포르투칼, I: 이탈리아, I: 아일랜드, G: 그리스, S: 스페인

17 경제 중심의 국내총생산(GDP) 개념과 달리 삶의 질을 영적·심리적 차원으로 정의한 개념은?

정답 국민총행복량(GNH)

18 환율 안정을 목적으로 조성되는 '외국환 평형 기금' 조달을 위해 정부가 발행하는 채권은? (기업은행)

정답 외국환평형채권

19 모든 국가간 자본 유출입 거래에 대하여 단일세율을 적용하는 외환거래세를 무엇이라 하는가?

정답 토빈세

20 대기업의 중소기업 착취 구조와 저렴한 노동시장에 의존하는 경제는?

정답 뱀파이어 경제

21 유명 예술가 또는 디자이너의 작품을 제품 디자인에 적용하여 소비자의 감성에 호소하고 브랜드 이미지를 높이는 마케팅 전략을 무엇이라 하는가? (기업은행)

정답 데카르트 마케팅

22 일시적 자금난을 겪는 기업에 만기연장, 신규 자금 대출 등 유동성을 지원하면서 동시에 구조조정을 추진하는 기업 개선방식? (하나은행)

정답 프리워크 아웃

23 '비금융주력자(산업자본)'가 은행주식을 4% 초과해서 보유할 수 없다는 규제를 무엇이라 하는가? (기업은행)

정답 금산분리

24 중세 이탈리아의 이 가문이 음악, 미술, 철학가 등 다방면의 예술가, 학자를 모아 공동작업을 후원하자 문화의 창조역량이 커져 르네상스 시대를 맞게 됐다는 데서 유래된 경영이론으로 서로 다른 분야의 역량이 합쳐지면 시너지를 낸다는 것은? (기업은행)

정답 메디치 효과

25 예산이 성립한 후에 생긴 부득이한 사유로 인하여 이미 성립된 예산에 변경을 가하는 예산은? (새마을금고)

정답 추가경정예산

26 한 기간의 매출액과 비용이 같아지는 점을 무엇이라 하는가? (새마을금고)

정답 손익분기점(break-even point)

PART 01. 경제용어
PART 02. 은행권 최신 기출문제
PART 03. 예상적중문제
PART 04. 경제 및 금융 시사이슈

27 특정상품의 판매를 촉진하고 고객의 충성도를 확보하기 위해 사용되는 기법 중의 하나로 구입할 수 있는 상품에 제한이 있는 상품권을 제공하는 제도는?

정답 바우처제도

28 다른 주주의 의결 내용에 비례해 자기의 의결권을 분리해 행사하는 것을 말하는 것으로 그 구체적인 행사방법은 당해 주총의 참석 주식 수에서 의사표시가 없거나 위임의 요청이 없는 주식 수를 차감한 주식의 의결 내용에 영향을 미치지 않도록 의결권을 행사하는 것을 의미하는 것은?

정답 쉐도우 보팅(Shadow Voting · 그림자투표)

29 가격과 물량을 미리 정해 놓고 특정 주체에게 일정 지분을 묶어 일괄 매각하는 지분 매각방식은?

정답 블록세일

30 회사분할의 한 방법으로서, 분할회사가 현물 출자 등의 방법을 통해 자회사를 신설하고 취득한 주식 또는 기존 자회사의 주식을 모회사의 주주에게 분여하는 것을 말하는 것은?

정답 스핀오프(Spin–off)

31 주식에 있어서 구주에게 부여되는 신주인수권 또는 신주의 무상교부권이 없어진 상태는?

정답 권리락

32 동전 소재로 쓰이는 금속의 시세가 그 동전의 액면금액과 같아지는 시점은? (하나은행)

정답 멜팅 포인트(melting point)

33 저축을 한후 일정기간 찾아가지 않는 예금을 휴면계좌라고 하는데 1만원 이하 잔액인 경우 몇 년 이상 입출금이 이루어지지 않으면 휴면계좌 예금이 되는가?

정답 1년
예금잔액을 기준해 1만원 미만은 1년 이상 거래가 없을 때 거래중지계좌, 소위 휴면예금계좌로 분류된다.

34 펀드매니저가 수익률을 올리려고 하는 것은?

정답 윈도우 드레싱

35 발행사가 파산하면 다른 채권자 빚을 모두 갚은 후에나 지급을 요구할 수 있는 채권은? (하나은행)

정답 후순위채권

36 금융회사가 대규모 건설 프로젝트의 향후 수익성을 보고 부동산 개발업자에게 돈을 빌려주는 것을 무엇이라 하는가?

정답 프로젝트 파이낸싱(PF) 대출

37 유가증권을 일정 기간이 지난 후 원래 판매가격에 이자를 얹어 은행이 되사는 조건으로 고객에게 판매하는 상품은?

정답 RP(환매조건부 채권)

38 주식시장에서 매년 초여름인 6~7월경에 나타나는 강세장은? (새마을금고)

정답 서머랠리

39 2개 이상의 은행이 차관단을 구성하여 같은 조건으로 대규모 중장기 자금을 빌려주는 것을 무엇이라 하는가? (새마을금고)

정답 신디케이트 론

40 미국의 대통령 오바마가 발표한 은행자산 운용 규제책으로 미국 금융기관의 위험투자를 제한하고, 대형화를 억제하기 위하여 만든 금융기관 규제 방안은?

정답 볼커룰

41 지수가 하락할 때 반대로 수익을 내도록 구조화한 펀드는? (하나은행)

정답 리버스 인덱스 펀드

42 미국 뉴욕증권거래소와 범유럽 증권거래소인 유로넥스트의 합병으로 출범한 세계 최대의 증권거래소는?

정답 NYSE 유로넥스트

43 특정 주권의 가격이나 주가지수의 수치에 연계한 증권은?

정답 주가연계증권(ELS)

44 퇴직급여가 적립금의 운용실적에 따라 변동하는 유형은?

정답 확정기여(DC)형

45 구매 비용을 평균화하는 것으로 주가가 높을 때는 주식을 적게 매입하고 주가가 낮을 때는 주식을 많이 구매하는 투자법은?

정답 코스트 에버리징(cost averaging)

46 은행의 거시 건전성을 제고하기 위해 은행의 비예금 외화부채에 대해 부과하는 세금은?

정답 은행세

47 연말 강세장을 뜻하는 것은?

정답 산타랠리

4

경제 및 금융 시사이슈

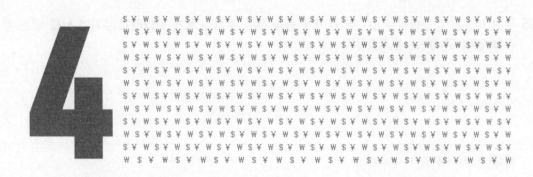

경제이론, 경제용어, 금융상식, 기출문제를 모두 다루었다면 이제 출제예상문제를 점검해야한다. 그 기반에는 최신경제시사주제를 점검하고 그에 수반되는 경제이론과 경제용어, 금융상식 용어들을 정리해야만 한다. 시험에서 고득점으로 넘어가는 변별력이 있는 문제들은 최신시사주제를 토대로 만들어지기 때문이다. 다양한 경제이슈를 살펴보고 그에 따른 용어를 정리해보아야 한다. 용어가 정리되면 PART1, PART2에서 다시문제를 살펴보고 정리해보자.

출제포인트 | 출제예상문제를 공부하기 위한 최신경제시사주제 및 이슈정리

❶ 신문기사를 읽더라도 이제는 경제이론과 용어, 금융관련 키워드를 함께 볼 줄 알아야 한다. 시험에서 고득점을 하기위해서는 남들보다 앞선 경제관련 시야가 필요하다.

❷ 최신 사사주제관련 키워드는 결국 기출문제에서 반복된다. 하지만 문제를 변형하여 출제한다. 문제은행은 동일한 문제를 출제하지는 않는다. 같은 키워드의 다양한 문제들을 가지고 반복되는 이슈에 중요한 키워드를 다시 출제하는 경우가 많다.

❸ 본 교재에서 제시한 최신 경제이슈 이외에도 교재 출간이후부터 매 시험전까지의 경제이슈를 점검하여 경제이론, 경제용어, 금융관련 키워드를 찾아내어 정리하는 것은 고득점의 지름길입니다.

제4장 경제 및 금융 시사이슈

◆ 주제1 분양가 상한제

정부가 주택도시보증공사(HUG)의 분양보증 심사에서 한발 더 나아가 민간택지 분양가상한제 도입 가능성까지 거론하자 아파트 분양을 준비하던 사업자들의 고민이 깊어지고 있다.
HUG 심사를 후분양으로 피한다고 해도, 섣불리 후분양을 선택했다가 분양가상한제를 적용받으면 진퇴양난에 빠지기 때문이다. 전문가들은 "분양가상한제 때문에 사업주들이 분양을 미루면서 주택 공급이 늦어지고 집값이 오르는 '규제의 역설'이 나타날 수 있다."고 전망한다.

부동산 업계에 따르면 지난달 견본주택을 열고 분양을 시작하려던 '힐스테이트 세운'이 분양을 무기한 연기했다. 분양가를 두고 HUG와 의견차를 좁히지 못했기 때문이다. 후분양도 검토했지만 김현미 국토교통부 장관이 "분양가 안정을 위해 민간택지 분양가상한제를 고민할 것"이라고 밝힌 뒤 논의가 원점으로 되돌아갔다. 앞서 후분양을 검토하던 강남 재건축 단지들도 비슷한 이유로 후분양 강행 여부를 놓고 고민 중인 것으로 알려졌다.

분양가상한제는 분양 시점과 관계없이 모든 분양아파트를 대상으로 한다. 사업자가 후분양을 결정하더라도 공사 중 분양가상한제 대상으로 지정되면 당초 계획했던 분양가를 못 받게 된다. 김 장관의 발언에 대해, 건설업계 관계자는 "당장 분양가상한제를 전면 시행하지 않더라도 후분양의 리스크를 부각시켜 사업자들이 HUG 통제를 따르도록 하려는 의도가 있는 것으로 보인다."고 했다.

분양가상한제에 대한 전문가 시각은 부정적이다. 김태섭 주택산업연구원 연구위원은 "서울에서는 대다수 사업자가 정책 기조가 바뀔 때까지 분양을 미룰 것"이라며 "공급이 끊기면 기존 아파트의 희소성이 부각돼 서울 집값이 오를 수 있다."고 말했다. 2006년 말 정부가 민간택지 분양가상한제 도입을 예고하자 규제를 피하려는 사업자들이 몰리며 2007년 주택 인허가 신청은 전년 대비 18% 늘었다. 하지만 분양가상한제를 적용받는 2008년이 되자 다시 40% 급감했다.

심교언 건국대 교수는 "비슷한 입지에서 단기간에 대량의 주택이 분양되면 낮은 분양가가 주변 집값을 떨어뜨릴 수 있지만 지금 서울은 그럴 땅이 없다."며 "지금도 강남에서 시세보다 2억~3억원씩 저렴한 아파트가 분양되는데 더 낮추면 일부에게 로또만 쥐여주는 셈"이라고 말했다.

◆ 주제2 미국發 무역전쟁 사례와 시사점

1. 1930년 이후 미국發 주요 무역전쟁 6가지 사례

① (1930년 스무트-홀리 법) 1930년 미국에서 스무트-홀리(Smoot Hawley Tariff Act) 법안이 제정되면서 세계 무역전쟁을 촉발시켰으며 이로 인해 국제교역 급감과 세계 대공황 심화라는 결과를 초래하였다. 미국은 경기가 어려워지자 관세를 높여 자국기업을 보호하기 위해 2만개 이상의 수입품에 대한 최고 400%에 이르는 관세를 부과하였다. 그러나 이러한 조치로 인해 미국 경제성장률은 하락하고 무역 규모가 축소되는 등 상황은 더욱 악화되었다. 여기에 미국 관세 인상에 보복하기 위해 주요국의 경쟁적인 관세 인상이 이어지면서 세계 교역이 약 30% 감소하고 주요국의 산업생산이 급감하는 등 세계경제에 부정적인 결과를 초래했다.

② (1971년 닉슨 쇼크) 1971년 8월 달러화의 금태환(gold exchange) 정지선언과 수입 과징금 10% 부과를 포함한 신경제 정책을 발표하면서 전 세계 경제에 충격을 준 닉슨 쇼크이다. 1970년대 초반 미국은 베트남 전쟁 등으로 경제상황이 악화되었다. 당시 독일, 일본의 수출 경쟁력이 상승하고 있는 가운데 미국은 자국 산업을 보호하기 위해 관세를 부과하였고, 달러 가치가 약세를 보이면서 일본 엔화와 독일 마르크화는 각각 10%, 5% 상승하면서 이들 상품의 가격 경쟁력을 더욱 악화시켰다. 더욱이 수출에 성장 기반을 둔 한국은 닉슨 쇼크로 인해 경제성장률이 크게 낮아졌다.

③ (1985년 플라자 합의) 미국은 당시 달러강세 문제를 해결하기 위해 1985년 9월 뉴욕에서 G5 재무장관회의를 열었으며, 합의가 채택되자 달러는 약세로 돌아 섰고 독일 마르크, 일본 엔화는 강세로 전환하게 만든 1985년 플라자 합의다. 미국은 1980년대 초반에 시작된 경제위기를 막기 위해, 달러 가치를 절하하는데 주요국과 합의했다. 이로 인해서 일본 엔화와 독일 마르크화는 달러대비 절상되었고, 특히 일본의 경상수지 흑자 폭이 줄어들게 되었다. 원화의 가치도 상승했으나, 상대적으로 엔화와 마르크화에 비해 상승폭이 크지 않아 오히려 반사이익을 얻는 등 한국 경제에 미치는 영향은 크지 않았던 것으로 판단된다.

④ (1990년대 슈퍼 301조 부활) 1990년대 무역적자 해소, 정치적 지지기반 강화 등의 목적으로 미국은 한국산, 일본산 자동차에 대한 슈퍼 301조를 부활시켰다. 슈퍼 301조는 클린턴 대통령 정부 시절 일시적으로 부활하였다. 대표적으로 1994년 일본, 1997년 한국의 자동차 시장에 슈퍼 301조를 적용하는 사례가 있었다.

⑤ (2002년 철강 세이프가드) 2002년 미국 통상법 201조(세이프가드)를 발동하여 수입 철강재에 관세를 부과하는 조치를 발표했으나 무역상대국 반발 등으로 조기 철회되었다. 세이프가드는 미국의 자국내 철강산업 보호와 정치적 기반 강화를 위한 조치였다. 이로 인해 주요국들이 WTO에 제소했고 미국 상품에 대한 보복 조치에 대한 논의가 있어 무역전쟁 확대가 우려되었다. 그러나 미국은 WTO에서 패소 판정을 받아 이 조치는 철회되었다.

⑥ (글로벌 금융위기 시기 무역정책) 2008년 금융위기 이후 미국은 경제를 재건하기 위해 많은 부양책과 수출확대 정책을 펼쳤다. 그 과정에서 미국은 양적완화와 초저금리 조치로 글로벌 달러 약세, 글로벌 불균형 등으로 환율전쟁 우려가 확산되었다. 또한 국제조약 의무 준수 하에 수출 확대를 추진하였고 불공정 무역 감시, 무역상대국으로의 무역구제 조치를 강화했다. 이로 인한 한국의 경우, 미국의 對 한국 신규 수입규제 건수가 오바마 재임시절에 가장 많이 증가했다.

2. 트럼프發 무역전쟁과의 비교

이상 살펴 본 바와 같이 과거 미국發 무역전쟁에서 공통적으로 나타나는 특징은, 미국 경제 침체기 및 국제수지 악화, 달러강세 방지, 주요 무역경쟁국 견제, 정치적 지지기반 강화 등 4가지이다. 트럼프發 무역전쟁은 과거 미국發 무역전쟁처럼 국제수지 악화, 주요 무역경쟁국 견제, 정치적 지지기반 강화 등의 배경은 유사하지만 경기침체기는 아니라는 점에서 차이를 보인다. 또한 달러강세 방지는 향후 달러가치의 향방에 따라 미국은 추후 달러약세 압력을 행사할 가능성이 존재한다.

◆ 주제3 중국의 글로벌 가치사슬 역할 변화

① 중국은 제조업 대국으로서의 입지를 바탕으로 최근에는 연구개발, 디자인 등 고부가가치 활동에 적극 참여하면서 세계무역에서의 위상을 높이고 있다.
→ 중국의 부가가치 수출 규모는 미국 다음으로 큼

② 중국은 제조업 혁신역량 제고를 위해 제조업 혁신센터 건설, 소재·부품의 국산화 노력 등 산업기반 강화정책도 실시하고 있다.

③ 중국은 기존의 부가가치가 낮은 생산과정에서의 가치사슬 참여에서 부가가치가 보다 높은 디자인, 구매 단계로의 발전을 꾀하고 있다.

④ 특히, 중국은 2025년까지 제조업 혁신역량 제고를 위한 연구기지 건설, 핵심소재·부품의 국산화 등 노력을 강구하고 있다.

◆ 주제4 한국은행 기준금리 인하

한국은행이 기준금리를 연 1.75%에서 1.50%로 낮춘 건 시장과 거시경제 전문가 예상보다 한발 앞선 움직임이었다. 대다수의 시장 전문가들이 그동안의 한국은행 행보 등을 근거로 2019년 7월보다는 2019년 8월 금융통화위원회에서 금리 인하를 단행할 것으로 내다봤다. 경제성장률 전망치를 하향 조정할게 확실시되는 상황에서 같은 날 금리까지 동시에 내리기엔 부담이 클 것이고, 미국 연방준비제도(Fed・연준)의 연방공개시장위원회(FOMC)가 예정된 만큼 이를 먼저 지켜본 뒤 결정할 가능성이 높다고 본 것이다.

하지만 한은은 망설이지 않았다. 이주열 한은 총재는 "미・중 무역협상 분위기가 반전됐고, 연준 통화정책 기조가 예상보다 큰 폭으로 바뀌었고, 일본 수출규제까지 최근 한두 달 동안 경제여건이 빠르게 변화했다."며 "경기회복을 좀 더 뒷받침할 필요성이 종전보다 커졌다."고 밝혔다.
특히 최근에 불거진 일본 수출규제 변수는 한은이 종전 입장을 바꿔서 금리 인하를 앞당겨 단행하기 위한 좋은 환경을 만들어줬다는 분석이 나온다.
이 총재는 '통화정책 여력이 줄어든게 아니냐'는 지적에 대해서도 "한 번의 금리 인하로 기준금리가 당장 실효(금리) 하한에 근접하게 된 것은 아니다."며 "경제상황에 따라 대응할 수 있는 여력을 갖고 있다."고 설명했다.

실효금리 하한이란, 유동성함정이나 자본유출 위험 같은 측면에서 측정하는 일종의 금리인하 임계치를 말한다.
이 같은 한은 움직임에 대해 조영무 LG경제연구원 연구위원은 "연준의 금리인하가 이미 기정사실화된 만큼 굳이 결정을 기다리지 않은 것 같다."며 "대외 여건이 긴박하게 돌아가 현재 경기 상황에선 한 발이라도 빨리 움직이는 게 낫다고 판단했을 것"이라고 진단했다.
홍성일 한국경제연구원 경제정책팀장도 "한미 간 금리차가 일시적으로 1.00%포인트까지 벌어졌지만, 이달 말 다시 0.75%포인트로 돌아올 것을 알기에 부담이 없었을 것"이라며 "수출・투자 등과 함께 올해 소비자물가 상승률도 기존 1.1%에서 0.7%로 낮아졌는데, 저물가로 인한 압박도 적지 않게 느끼고 있을 것"이라고 분석했다.

이날의 움직임과 "앞으로의 통화정책 방향도 실물경제 회복을 뒷받침하는 쪽으로 완화 기조를 유지하겠다."는 이 총재 발언이 합쳐지면서 시장에서는 연내 추가 금리인하에 대한 기대감이 커지고 있다. 2019년 남은 금리인하 기회는 10월 17일 그리고 11월 29일 두 차례다.
문홍철 DB금융투자 연구원은 "한은이 잠재성장률을 기존보다 낮춘 2.5~2.6%로 재추정한 건, 한은이 생각하는 중립금리 수준이 그만큼 낮아져야 함을 의미한다."며 "기준금리는 올해 말까지 추가 한 차례 인하, 내년 상반기 한 차례 인하 그리고 결국 내년 중순에는 금리가 1.0% 수준에 머물 것으로 예상한다."고 말했다.

김명실 KTB투자증권 연구원도 "7월 금리 인하를 시작으로 적어도 1년간 한은의 금리인하 행보가 지속될 것"이라며 "2%대 성장률마저 고수하기 어려운 상황이 전개될 경우 금리인하 사이클은 2020년까지 지속될 것"이라고 전망했다.

해외 금융기관 가운데 모건스탠리는 "8월 동결 후 4분기 중 0.25%포인트 추가 인하"로 내다봤고, 노무라금융투자는 "10월에 또 한 차례 0.25%포인트 인하할 가능성을 70%로 8월(20%)이나 다른 시점(10%)보다 높게 본다."고 밝혔다. 노무라는 "내년까지 한은이 기준금리를 더 인하할 가능성도 커졌다."고 덧붙였다.

◆ 주제5 채권금리 줄줄이 올해 최저

한국은행이 금리 인하를 단행하자 국고채 가격은 초강세를 나타냈다. 그러나 달러당 원화값은 금리 인하에도 불구하고 이달 말 미국 연방준비제도의 금리인하 가능성을 반영해 상승세로 마감됐다. 시장에서는 당국의 외환시장 달러 매도개입이 있었던 것으로 보는 시각도 있다.

18일 금융투자협회에 따르면, 이날 국고채 3년물 금리는 전일대비 5.4bp(1bp=0.01%포인트) 하락한 1.345%에 마감했다. 5년물 금리는 7.1bp 하락한 1.383%, 10년물 금리는 7.4bp 내린 1.472%로 장을 마감했다. 초장기물인 20년물과 30년물 금리는 각각 7.2bp, 7.4bp 내린 1.495%, 1.486%에 마감했다. 장단기물을 막론하고, 모든 만기 구간에서 일제히 금리가 크게 하락(채권가격 상승)해 연저점을 경신했다. 국고채 가격은 하반기까지 상승세를 이어갈 가능성이 높다는 전망이 나온다. 한은이 4분기 내 추가로 금리를 내릴 가능성이 크게 점쳐지기 때문이다.

신동수 유진투자증권 연구원은 “대내외 불확실성으로 연내 추가 금리인하 기대가 높아진 점을 고려하면 채권금리의 추가 하락이 예상된다.”며 “과거 통화정책이 전환된 이후 금리인하가 한 차례에 그친 적이 없고, 대내외 리스크로 추가 금리인하가 예상된다는 점에서 채권값은 상승 여지가 남아 있다.”고 말했다.

김상훈 KB증권 연구원은 “연내 금리 추가인하가 점쳐지는 만큼 국고채 3년물 금리는 1.25% 수준까지 하락할 것”으로 내다봤다. 강승원 NH투자증권 연구원은 “국고채 3년물 금리는 1.2%, 10년물은 1.3%까지 내려갈 수 있다.”고 전망했다.

한은의 금리인하에 이날 달러당 원화값은 널뛰기를 했다. 18일 서울 외환시장에서 달러당 원화값은 전날 종가(1181.3원)보다 0.3원 오른 1181원으로 출발했다. 하지만 이날 오전 한은이 ‘깜짝’ 금리인하 결정을 하자 곧바로 하락 전환해 장중 한때 1184.5원까지 급락했다. 다만 오후 들어 달러당 원화값은 다시 오르기 시작해 이날 종가는 전날보다 2.5원 오른 1178.8원을 기록했다.

문홍철 DB금융투자 연구원은 “한은이 기준금리 인하를 갑자기 발표한 뒤 교과서처럼 달러당 원화값이 내렸지만 오후 들어 원화 강세로 바뀌었다.”며 “미국이 당장 이달 금리를 내릴 예정이고 미국 제조업 경기도 올해 초부터 안 좋아지고 있어 상대적으로 원화 강세로 이어진 것”이라고 분석했다. 익명을 요구한 외환딜러는 “외환당국에서 달러당 원화값 1180원 선을 마지노선으로 보고 일정 부분 시장개입에 나선 것으로 보인다.”고 말했다.

◆ **주제6 개도국 제외 땐 관세 보호막 깨진다**

개발도상국이 불공평한 이득을 얻고 있다."(도널드 트럼프 미국 대통령)

중국을 겨냥한 트럼프의 트윗에 한국이 유탄을 맞았다. 같은 '개도국'이란 이유에서다. 개도국 혜택을 박탈할 경우 한국이 직격탄을 맞는 산업은 농업이다. 이미 선진국 반열에 올랐는데도 불구하고 개도국 지위를 유지하면서까지 받는 혜택이 관심을 끈다.

세계무역기구(WTO) 협정 내 개도국 우대 규정 조항은 약 150개다.
특히 농업 분야에선 선진국이냐 개도국이냐에 따라 의무 차이가 크다. 한국이 개도국 지위를 놓을 경우 높은 관세를 매겨 자국 농산물 시장을 보호하거나 보조금을 통해 국내 농산물 가격을 유지할 수 없다. 김경미 농림축산식품부 농업통상과장은 "개도국 우대를 받으면 선진국 대비 모든 의무(관세감축·농업 보조금 등)를 3분의 2만 이행해도 된다."고 설명했다.

대표 농작물이 '쌀'이다. 공급 과잉에도 불구하고 농민 반발, 식량 안보 등 이유로 수입 쌀엔 높은 관세를 매기고, 쌀 농가엔 보조금을 주는 상황이다. 1994년 우루과이라운드(UR) 협상 결과 '예외 없는 관세화' 원칙을 채택했지만 한국은 1995~2014년 쌀 관세화를 유예했다. 2015년부터 매년 40만 9000t의 쌀을 의무 수입하는 대신 높은 관세율(513%)을 적용해 왔다. 100원어치 수입쌀에 관세를 붙여 국내에선 613원에 판다는 얘기다.

2008년 도하개발어젠다(DDA) 농업협상 의장이 내놓은 수정안에 따르면 한국이 선진국이 될 경우 쌀을 '민감품목'으로 보호하더라도 현재 513%인 관세율을 393%로 낮춰야 한다. 대부분 쌀 직불금으로 쓰는 1조 4900억원 규모 농업보조금 총액(AMS)도 선진국으로 바뀔 경우 8195억원으로 한도가 '반 토막' 난다.

쌀을 제외한 필수 작물도 타격이 크다. 현재 수입산 마늘은 360%, 인삼(홍삼)은 754.3%, 양파는 135%, 대추는 611.5%의 관세를 물린다. 선진국 의무를 이행할 경우 마늘 276%, 인삼 578%, 양파 104%(각각 민감품목 기준)로 관세 장벽을 낮춰야 한다.

그러나 농식품부는 국내 농가의 피해 우려가 확산하는 것을 경계했다. 김경미 과장은 "(AMS의 한도가 축소되는 등의) 논의는 유효하지 않은 2008년 WTO 문서에 따른 것으로, 10년 이상 논의가 중단된 상태로 향후 실현 가능성이 희박하다."며 "현재 적용하고 있는 농산물 관세나 보조금은 차기 농업협상 타결 때까지 그대로 유지될 것"이라고 강조했다. 미국 주장대로 개도국 지위를 조정하기도 쉽지 않다. 만장일치로 안건을 처리하는 WTO 체제 특성상 합의점을 찾기 어려워서다.

다만 WTO에서 합의하지 못할 경우 미국이 특정 국가를 정해 양자 협상에서 개도국 지위 포기 압박을 가할 수 있다. 최근 미국은 브라질과 양자 협상을 통해 향후 협상에서 브라질은 개도국 우대혜택을 누리지 않겠다는 '포기 선언'을 끌어냈다.

서진교 대외경제정책연구원 선임연구위원은 "중국조차 발전 수준에 따라 국제사회에 기여하겠다고 공언한 이상 한국도 양보를 피하기 어렵다."며 "원칙적으로 선진국으로서 해야 할 의무를 늘려가되 갑작스러운 변화를 고려해(쌀 등 핵심 농산물 보호를 위해) 매우 제한적으로 개도국 우대혜택을 유지하겠다는 논리를 펴야 한다."고 말했다.

◆ 주제7 "기준금리 인하, 소비 증가로 이어졌다."

주택담보대출(주담대) 금리가 1%포인트 하락하면 이자 상환액이 줄어들어 신용카드 사용액이 분기당 평균 5만원 늘어나는 것으로 분석됐다.

한국은행 경제연구원 송상윤 부연구위원은 '통화정책이 소비에 미치는 영향: 차입자 현금흐름 경로를 중심으로'라는 보고서에서 "기준금리를 인하하면 주담대 금리도 떨어지고, 이에 차주의 이자 상환액은 줄고 가처분소득은 늘어 이들의 소비 증가로 이어졌다."고 밝혔다.

한국은행 경제연구원은 기준금리 1%포인트가 떨어지면 차주의 이자상환 부담이 줄어 분기당 평균 5만원의 소비가 증가한다는 연구결과를 발표했다.

보고서의 분석기간은 2011년 3분기부터 2017년 3분기까지로, 분석대상은 한은 가계부채 자료에 있는 주담대 차입자 중 표본 선택과정을 통해 추출된 10만 6,000여명이다. 소비는 신용카드 사용액을 기준으로 삼았다.

2011년 6월 연 3.25%이던 기준금리는 2016년 6월엔 1.25%까지 낮아졌고, 주담대 금리(잔액 기준)는 2011년 2분기 5.17%에서 2016년 2분기엔 3.0%로 떨어졌다. 분석 결과 주담대 금리가 1%포인트 하락하면 차주의 신용카드 사용액이 평균적으로 분기당 5만원 늘어났다.

변동금리 차주와 고정금리 차 주간의 금리 하락에 따른 소비패턴이 확연히 달랐다. 금리가 1%포인트 떨어지면 변동금리 대출자는 분기당 신용카드 사용액이 8만원 증가했지만, 고정금리 대출자에겐 소비 증가로 이어지는 효과가 거의 나타나지 않았다.

아울러 금리하락이 소비에 미치는 효과는 대출받은 이들의 특성에 따라 다르게 나타났다. 부채가 연소득의 2.42배 이상으로 부채비율이 높은 차입자의 경우 금리인하는 소비보다 원금 상환액 증가에 더 큰 영향을 미쳤다. 고소득자일수록 이자 상환액 감소가 소비증가로 이어지는 효과가 작았고, 저소득자는 그 반대였다.

한편 유동성이 풍부한 차입자의 경우 이자 상환액 변화에 따른 한계소비성향은 0.343에 그쳤지만, 유동성이 부족한 이들의 경우 한계소비성향이 0.603으로 높게 추정됐다. 한계소비성향이란 소득이 한 단위 늘어날 때 소비가 얼마나 증가하는지 보여주는 지표로, 일반적으로 소득이 많은 사람이 소득이 적은 사람에 비해 낮게 나타난다. 이 보고서에서는 신용카드 이용액, 원금 상환액, 이자 상환액의 합을 연소득으로 나눈 비율이 중간값(0.55) 이하인 차주를 유동성이 풍부하다고 봤다.
송 부연구위원은 "기준금리 인하가 소비 확대로 이어지는 차입자 현금흐름 경로로 작동하고 있다."면서도 "부채가 많은 차입자는 소비보다 원금 상환에 적극적인 만큼 높은 가계부채 수준이 확장적 통화정책의 소비진작 효과를 약화하는 방향으로 작동할 가능성이 있다."고 말했다.

◆ 주제8 한국 경제의 양극화 해법

불균형을 해소하려면 먼저 부동산가격을 안정시켜 부의 양극화를 완화해야 한다. 이를 위해 정책당국은 서울 집값이 오르는 원인을 제대로 파악할 필요가 있다. 지방이나 수도권 집값은 오르지 않는데 유독 서울 집값만 크게 오르는 원인 중 하나는 1주택자에 대한 장기보유공제의 허점에 있다. 초고가 주택의 경우에도 1주택자라는 이유로 과도한 면세 혜택(10년 이상 보유하면 80% 공제)이 제공되면서 서울 특정지역의 주택 수요를 부추기는 배경이 되고 있다. 정책당국은 미국처럼 일정 금액까지만 장기보유공제 혜택을 주도록 조세제도를 개선해 부동산가격을 안정시켜야 한다.

또 지방이나 수도권 주택은 오르지 않는데 서울 집값만 오르는 원인은 교통인프라에 있다. 정부는 그동안 수도권에 거듭 신도시를 만들면서도 교통인프라는 확충하지 않았다. 서울 진입터널과 교통인프라를 확충해 도심주택 수요를 줄여야 한다. 집값 상승 원인은 그대로 둔 채 다주택자에 대한 과세나 보유세 강화정책으로는 가격을 안정시킬 수 없으며 부의 양극화를 해소하기 어렵다.

더 근본적으로는 공급 중시 성장전략이 필요하다. 성장률이 둔화하는 원인은 내수부진과 같은 수요부족에도 있지만, 근본적으로는 주력산업의 경쟁력 약화와 같은 공급 측면에 있다. 조선・철강 등 주력산업의 경쟁력이 약화하면서 구조조정으로 일자리가 줄어들고 소득 및 소비의 감소로 이어지고 있다. 여기서 성장률을 높이려면 산업경쟁력을 높일 수 있는 신산업정책을 수립해야 한다. 특히 4차 산업혁명의 시대에는 신기술을 가진 전문인력을 육성하고 신기술을 개발하는 데 정부의 역할이 중요하다. 미국・독일・일본・중국은 정부 주도로 신산업정책을 수립해 전문인력 양성과 유치에 노력하고 있다. 5년 단임 대통령제 하에서 장기전략을 수립하기 어려운 점이 있지만, 산업경쟁력 강화를 위한 전략수립을 소홀히 해선 안 된다. 기업인들 역시 단기적 이익추구보다 시장경제 체제 유지를 위한 전략적 사고가 필요하다.

요컨대 한국경제는 저성장과 양극화의 함정에 빠져 있다. 지금이라도 슘페터가 말한대로 혁신을 가능하게 하는 가장 좋은 제도인 자본주의를 구축해야 한다. 나아가 한국경제를 되살리기 위해서는 부동산가격을 안정시키고 주택의 공급 중시 성장전략을 수립해 양극화를 해소해야 한다. 이렇게 해야만 저성장의 함정과 사회주의의 유혹에서 벗어날 수 있다.

◆ 주제9 위안화 '포치'

무역전쟁에 다시 불을 붙인 미국을 향해 중국이 강력한 경고장을 날렸다. 위안화 가치가 달러당 7위안 아래로 떨어지는 '포치(破七)'를 사실상 용인했다. 중국이 위안화 약세 카드를 꺼내 들며 미·중 무역분쟁이 통화전쟁으로 번져갈 기로에 섰다.

5일 위안화 가치는 달러당 7위안 아래로 떨어졌다. 중국 본토(역내)와 홍콩(역외) 시장에서 모두 '1달러=7위안'이 깨졌다. 이날 역내 시장에서 위안화값은 장 중 전거래일보다 1.49% 하락한 달러당 7.0444위안까지 떨어졌다. 역내 위안화 시장에서 위안화 가치가 달러당 7위안 밑으로 내려간 것은 2008년 5월 이후 11년 3개월 만이다.

중국인민은행은 이날 위안화 가치를 전거래일보다 0.33% 내린 달러당 6.9225위안으로 고시했다. 위안화 환율은 고시환율의 ± 2%에서 움직인다.

역내 시장보다 더 먼저, 더 크게 흔들린 곳은 중국 당국의 영향력이 상대적으로 약한 홍콩 시장이다. 이날 홍콩 시장에서 위안화 가치는 장중 전 거래일보다 1.94% 하락한 달러당 7.1114위안까지 떨어졌다.

위안화 가치 하락은 양날의 검이다. 위안화값이 싸지면 중국 수출품 가격이 저렴해져 미국의 관세 충격을 상쇄할 수 있다. 반면 대규모 자본 유출과 주가 하락 등 금융시장의 불안이 커질 수 있다. 미국의 환율조작국에 분류될 수 있다는 우려도 위안화 카드를 중국이 섣불리 쓰지 않았던 이유다.

시장의 관심은 중국이 위안화 가치 하락을 어느 수준까지 용인하고 견딜 수 있느냐에 집중된다. 시장이 예상하는 첫 번째 고비는 달러당 7.2~7.3위안이다. 가오치 스코티아은행 환율전략가는 "중국 당국이 시장의 공포를 진정시키기 위해 개입하면 역내 위안화 환율은 달러당 7.2위안 선에서 안정될 것"이라고 말했다.

웨스트팩뱅킹 코퍼레이션 아시아 거시전략 헤드인 프랜시스 청은 블룸버그와의 인터뷰에서 "위안화 절하에 따른 관세상쇄 효과는 낮은 만큼 추가 관세부과가 이뤄지면 인민은행이 경기부양을 위해 완화적 통화정책을 펼칠 것"이라고 말했다.

문제는 미·중 무역갈등에서 빚어진 '약(弱) 위안화' 전략이 가지고 올 후폭풍이다. 저우하오 코메르츠방크 이코노미스트는 "위안화 평가 절하로 아시아 통화 가치 하락이라는 새로운 흐름을 목도하게 될 것"이라며 "세계금융시장에 쓰나미가 다가오고 있다."고 말했다.

'1달러=7위안'은 그동안 중국 정부의 심리적 저지선으로 여겨져 왔다. 이 선이 무너지면 자본을 가뒀던 둑이 무너지며 위안화 값 급락(환율 급등)과 주가 하락으로 이어질 수 있어서다. 파이낸셜타임스(FT)에 따르면 2016년 8월 중국인민은행은 위안화 가치를 지키기 위해 한 달 동안 1070억 달러의 외환보유액을 소진했다.

그런 까닭에 미·중 무역분쟁이 3라운드로 접어들면서 '1달러=7위안'이 깨진 것은 중국의 의도적 선택이란 분석이 나온다. 지난 1일 도널드 트럼프 미국 대통령이 다음달부터 중국산 수입품에 10%의 관세를 부과하기로 하면서 평화적 해결을 위한 판은 깨졌다. 중국은 한발 더 나아갔다. 중국 정부가 국유기업에 미국산 농산물 수입을 중단하라고 요구했다고 블룸버그 통신이 이날 보도했다. 미국의 농장지대(Farm Belt·팜 벨트)는 내년 대통령 선거를 앞둔 트럼프 대통령과 집권 공화당의 표밭이다.

크리스티 탄 NAB 아시아 시장 전략 및 리서치 헤드는 FT와의 인터뷰에서 "미국과의 무역 전쟁에서 위안화는 중국이 선호하는 수단은 아니지만 새로운 관세부과에 대한 대응책 중 하나가 될 것"이라며 "미국에 보복관세를 매길 상품이 바닥난 상황에서 위안화가 중국의 정책 선택지가 된 셈"이라고 말했다.

◆ 주제10 한 · 중 · 일 3각 분업체제 붕괴

중국 경제 부상과 사드(고고도미사일방어체계) 사태, 반(反)화웨이 분쟁으로 와해 조짐을 보이던 한·중·일 3각 분업체제가 일본의 반도체 소재 수출규제라는 결정타를 맞았다. 소재·부품·완제품으로 이어졌던 동북아 3국 가공무역 분업체제가 과거와 전혀 다른 전환기에 돌입했다는 평가다.

정부는 일본 반도체 소재 수출규제 대응책으로 해외 의존도가 높은 부품·소재·장비 국산화 지원에 2025년까지 매년 1조원 예산을 지원하기로 했다. 당장 2019년 추진할 수 있는 사업을 국회에 계류 중인 추가경정예산안(추경안)에 반영하는 작업이 진행 중이다.

재계에서는 매년 1조원 규모의 예산이 턱없이 부족하다는 목소리가 나오지만 이같은 지원이 마중물 역할을 해 일본 의존도를 낮추는 계기가 될 것으로 기대했다.

정부 관계자는 "일본의 공세가 그동안 일본산 소재에 과도하게 의존해온 결과라는 점에서 핵심소재·부품만이라도 국산화해야 한다는게 정부 방침"이라고 말했다.

전문가들은 이번 사태가 극적으로 봉합된다고 해도 향후 한국 업체들이 독자적인 공급처 확보에 나설 수 밖에 없어 동북아 분업체제 붕괴가 가속화될 것으로 전망했다. 특히 정부의 소재·부품 국산화 추진이 이 같은 흐름을 부채질할 것으로 보인다.

일본에서도 자국 기업의 피해를 우려하는 목소리가 나온다. 오사나이 아쓰시 와세다대 경영대학원 교수는 미국 월스트리트저널(WSJ), 일본 도쿄신문과의 인터뷰에서 "일본과 한국의 제조 부문은 서로 연결돼 있기 때문에 양국 기업이 무역분쟁으로 공멸하게 되면 국제경쟁력이 떨어져 제조업 분야에서 중국이 득을 보게 될 것"이라고 경고했다.

한중일 3국의 제조업이 3각 분업체제를 형성하기 시작한 것은 중국 경제가 성장기에 들어선 2000년대부터였다. 핵심소재에서 기술적 우위에 있는 일본이 한국으로 소재·부품을 수출하고 한국이 이를 부품과 반제품으로 만들어 중국으로 수출하면 중국이 완제품으로 조립·가공하는 방식이다.

하지만 2008년 글로벌 금융위기 이후 중국이 단순조립공장에서 벗어나 소재·부품을 자국화하기 시작한 이른바 '차이나 인사이드'를 추진하면서 분업체제에 균열이 생기기 시작했다.

천용찬 현대경제연구원 연구원은 "금융위기 직후부터 중국의 소재·부품 자급률이 갑자기 높아지면서 분업체제가 흔들렸다."며 "일본의 수출규제는 이런 흐름에 쐐기를 박을 것"이라고 말했다.

3국 분업체제가 무너지면 20년 가까이 우리 경제를 떠받혀온 산업 토대도 흔들리게 된다. 재계 관계자는 "1997년 외환위기와 2008년 금융위기 같은 국가적인 위기 때마다 3국 분업체제가 국내 제조업 재기의 발판이 됐던게 사실"이라며 "이런 '보너스'의 시대가 끝나가는데 대비해야 한다."고 말했다.

◆ 주제11 소비자 물가 7개월 연속 0%대, 디플레이션 우려 높아짐

2019년 7월에도 소비자물가 상승률이 0.6%를 기록했다. 7개월 연속 0% 수준을 이어갔다. 2015년 이후 최장기간 0%대 상승이다. 전월(0.7%)보다도 상승률이 0.1%포인트 낮아 디플레이션(경기가 침체하면서 물가 하락)이 현실화하는 것이 아니냐는 우려가 나온다.

통계청이 발표한 '소비자물가 동향'에 따르면 7월 소비자물가지수는 104.56(2015년=100)으로 지난해 7월보다 0.6% 상승했다. 전월보다 0.3% 하락했다. 1~7월 전년 대비 누계 상승률도 0.6%에 그쳤다. 2015년 이후 4년 만에 가장 낮은 수준을 나타냈다.

품목별로는 석유류 물가가 1년 새 5.9% 하락했다. 전체 물가를 0.27%포인트 낮추는 효과를 냈다. 농·축·수산물도 1년 전보다 0.3% 하락해 전체 물가를 0.02% 포인트 끌어내렸다. 특히 무(-27.5%), 고구마(-15.7%), 마늘(-15.3%), 양파(-14.6%) 등 품목이 두 자릿수 하락세를 보였다. 지난해보다 기상여건이 나아지면서 전체 채소류 가격도 6.4% 하락했다. 축산물·수산물 가격은 각각 2.7%, 0.2% 떨어졌다. 이 외 집세와 공공서비스가 각각 0.2%와 0.1% 하락세를 보였다.

이런 물가 상승률 둔화가 일시적인 현상이 아니라 지속할 수 있다는 우려가 나온다.
2019년 7월 식료품·에너지 제외지수(근원물가)는 전년 동월 대비 0.9% 상승하는 데 그쳤다. 근원물가는 변동 폭이 큰 품목을 제외해 물가의 기조적 흐름을 보여준다. 지난 3월(0.7%)에 이어 5개월 연속 0%대다. 디플레이션 우려가 나오는 이유다.

디플레이션은 단순 저물가가 아니라 '경기 침체와 맞물린' 지속적인 물가 상승 둔화다. 수출도 2018년 12월부터 8개월 연속 전년 대비 마이너스 증가율을 보이는 데다 경제가 하강국면에 접어든 상황에서 부동산 등 자산가격까지 내려가면 소비 위축이 심화하면서 충격이 더 커질 수 있다.

정부는 물가하락에 대한 확대해석을 경계하고 있다. 이두원 통계청 물가동향과장은 최근 상황에 대해 "저물가가 지속하는 '디스인플레이션'이라고 생각된다."며 "총체적 수요감소에 따라 물가가 하락하는 것이라기보다 기후변화와 석유류(유류세) 인하 등 외부요인, 집세와 공공서비스도 정책적인 측면이 반영된 것"이라고 분석했다.

→ 경기·고용 부진과 동반한 디스인플레이션이 장기화되면 디플레이션으로 이어질 수 있다는 점이다. 우리나라에서는 2015년 물가상승률이 0%대로 떨어지며 디플레이션 우려가 높아지자 기준금리 인하와 각종 경기부양책으로 물가를 끌어올린 적이 있다.

◆ 주제12 출산율 자유낙하

2019년 합계 출산율이 0.89~0.90에 그칠 것으로 전망됐다. 2018년 0.98명으로 처음으로 1명 밑으로 떨어진 출산율이 올해는 0.9명을 밑돌 수도 있다는 것이다. 우리나라의 합계 출산율은 점점 빠르게, 갈수록 더 깊은 저출산 수렁에 빠져들고 있다. 2016년 1.17명, 2017년 1.05명, 지난해 0.98명에 이어 올해는 0.9명 선도 깨질 수 있다는 것이다. 합계 출산율은 15~49세 여성이 평생 낳는 아기 수를 말한다.

통계청에 따르면 2019년 들어 5월까지 태어난 아기가 지난해 같은 기간보다 7.6%(1만 1,100명) 줄었다.

김진 통계청 인구동향과장은 "출생아 수가 5월에도 큰 폭으로 떨어지면서 올해 출생아 수는 작년보다 더 줄어들 것으로 예상된다."고 말했다.

이런 출생 통계를 바탕으로 올해 인구를 잠정 추계한 이삼식 한양대 교수는 "출생아 수는 29만 8,200명에서 30만 1,740명 사이, 합계 출산율은 0.89~0.90명이 될 것"이라고 추정했다.

통계청은 2019년 초 발표한 인구 전망에서 올해 출생아 수가 30만 9,000명, 합계 출산율은 0.94명이 될 것으로 추정했지만, 출산율 하락이 정부 예상보다 더 가팔라진 것으로 보인다. 아동수당 확대 등 올해 12조원에 달하는 정부의 저출산 대책이 효과를 내지 못하고 있는 것으로 볼 수 있다. 출생아 수가 급격하게 줄어들고 있는 것은 경기 침체로 청년층 취업난이 심각해지면서 8년째 결혼 건수가 줄어들고 있는 것이 주된 원인으로 꼽힌다.

◆ 주제13 잠재성장률 저하

한은은 내년 성장률을 예상보다 0.1%포인트 낮춘 2.5%로 발표했지만, 전문가들은 이 역시 장담할 수 없는 숫자로 보고 있다. 늦어도 내년 1분기에는 반도체 경기가 회복되기 시작할 것을 전제로 한 전망치이기 때문이다. 우리 경제가 노동과 자본 등 생산 요소를 효율적으로 가동해 달성할 수 있는 최대 성장률인 '잠재성장률'도 2019~2020년 2.5~2.6% 수준으로 낮췄다. 당초 한은은 2016~2020년의 잠재성장률을 2.8~2.9% 수준으로 봤다.

이날 채권시장에서는 3년 만기 국고채 금리가 1.345%, 10년 만기 국고채 금리는 1.472%로 마감해 각각 2016년 10월 이후 2년 9개월여 만에 최저치를 나타냈다. 시장금리가 기준금리(1.50%)보다도 낮은 수준까지 떨어졌다는 것은 이미 시장 참가자들은 연내 추가인하를 예상하고 있다는 뜻이다.

이주열 총재는 이날 금융통화위원회가 끝난 후, 기준금리 추가인하 가능성을 묻는 기자들의 질문에 "한은이 어느 정도 정책 여력은 갖고 있다고 볼 수 있다."고 말했다. 연내 추가 금리인하 여지가 있다는 뜻이다. 한은은 올해 10, 11월 두 차례 금통위 회의를 남겨두고 있다. 다만 금리인하가 최근의 집값 반등을 부추길 수 있다는 우려도 있는 만큼, 시장 상황을 종합적으로 지켜볼 것이라는 신중론도 많다.

이 총재는 정부도 적극적으로 나서라고 주문했다. 한은이 할 수 있는 수단을 쓴 만큼, 통화정책에 발맞춰 재정정책도 힘을 보태라는 것이다. 이 총재는 "지금 같은 상황에서 오로지 통화정책으로 대처하려면 금리를 대폭 내려야 하는데, 저금리 기조에 따라 정책 여력이 예전처럼 충분치 않은게 현실"이라며 "이럴 땐 재정을 충분히 풀어야 한다. 여력도 있고 효과도 빠르다."고 했다. 그러면서 "생산성 향상을 위한 구조개혁도 필요하다."고 강조했다.

◆ 주제14 1년 만에 꺾인 수출

2019년 수출이 불과 1년 만에 다시 6,000억달러(약 694조원) 아래로 떨어질 것이라는 전망이 나왔다. 지난해 한국 수출은 사상 최초로 6,000억달러를 넘었다.

한국무역협회 국제무역연구원은 '2019년 상반기 수출입 평가 및 하반기 전망'에서 올해 연간 수출은 2018년 6,049억달러보다 6.4% 감소한 5,660억달러를 기록할 것으로 전망했다. 수입은 4.1% 줄어든 5,130억달러로 예상했다. 수출이 수입보다 큰 폭으로 감소함에 따라 무역 흑자는 2014년 이후 최저치인 530억달러에 그칠 것으로 보인다.

정부는 그동안 "사상 최초로 수출 6,000억달러를 달성해 세계 6위 수출국이 됐으니, 이제 경제적 불평등을 해소하기 위해 소득주도성장을 지속적으로 추진하겠다."고 강조해 왔다. 문병기 국제무역연구원 수석연구원은 "하반기에도 미·중 무역 분쟁에 따른 보호무역주의 확산, 세계경제의 불확실성에 따른 투자와 소비지연 등으로 빠른 회복을 기대하기 힘든 상황"이라며 "환율·유가·금리 변동성 확대 등 단기 위험에 대응하고, 새로운 시장개척과 소재·부품 산업의 고부가가치화, 소비재·신산업 수출경쟁력 강화 등에 힘써야 한다."고 말했다.

연구원에 따르면 올해 수출감소는 품목기준으로 반도체·석유 제품, 지역으로는 대중(對中) 수출이 부진한 탓이다. 2018년 우리 전체수출의 21%를 차지했던 반도체와 대상지역의 27%를 차지했던 중국시장이 축소되는 '이중(二重) 쇼크'가 엄습한 것이다.

상반기 수출감소의 77%는 반도체·석유화학·석유 제품에서 발생했다. 중국 제조업 경기 부진에 따라 대중 수출 감소율은 두 자릿수(-15.4%)를 기록했다. 특히 반도체 수출은 지난해 12월부터 6개월 연속 감소했다. 5월 감소율은 30.5%에 달했다.

연구원은 반도체가 미·중 무역 분쟁 장기화에 따른 글로벌 IT 기업의 데이터센터 투자 지연, 중국 경기 둔화 등 수요 부진으로 단가가 대폭 하락하면서 수출 회복 시점이 올해 4분기 이후로 늦춰질 것으로 전망했다. 다만 자동차, 자동차 부품, 일반 기계, 선박 등은 하반기 중 수출 증가를 기대해볼 만하다고 국제무역연구원은 밝혔다.

◆ 주제15 달러가치 상승

국제 외환시장이 요동치고 있다. 달러가치는 2017년 7월 이후 최고치를 기록한 반면 중국 위안화와 영국 파운드화는 급락했다. 무역전쟁, 브렉시트(영국의 유럽연합(EU) 탈퇴), 각국 중앙은행의 '테이퍼링(자산 매입 규모 축소)'에 따른 신흥국 자금 유출 등 올 들어 글로벌 시장에서 불확실성이 커지면서 각국 통화 희비가 극명하게 엇갈리고 있다.

현재는 미국 달러화의 '나 홀로 강세'가 두드러지지만 글로벌 무역전쟁과 통화전쟁 승패에 따라 각국 통화가치가 큰 폭으로 출렁일 전망이다.
외환 시장에서 주요 6개국 통화대비 미국달러화 가치수준을 나타내는 달러인덱스가 전일보다 0.21% 오른 95.358을 보이며 최고치를 기록했다.

도널드 트럼프 미국 행정부가 일으킨 무역전쟁에서 미국보다는 다른 무역 상대국들 피해가 더 클 것이란 전망이 지배하면서 이번 무역갈등이 강달러 배경으로 작용했다. 아울러 미국 경제는 트럼프 대통령의 감세정책에 힘입어 '질주'를 이어가고 있다.

파운드화는 4.13% 떨어졌다. 특히 영국중앙은행(BOE)이 기준금리를 0.25%포인트 인상했지만 파운드화 하락을 막지 못했다. '노딜(No-deal) 브렉시트' 가능성이 높아진 점이 파운드화 추락을 이끌었다. 노딜 브렉시트란 영국이 EU와 아무런 합의안도 마련하지 않은 채 EU를 탈퇴하는 상황을 뜻한다. 이와 관련해 라보뱅크는 "파운드화는 정치적 불확실성에 매우 취약한 상황"이라고 설명했다고 블룸버그가 전했다.

무역전쟁에 위안화는 고꾸라지고 있다. 인민은행은 기준 환율을 전 거래일보다 0.28% 오른(위안화 가치 절하) 달러당 6.8513위안에 고시했다. 이는 2017년 5월 이후 최저치다.

위안화가 추락하고 있지만 대응 수단이 마땅치 않은 중국 당국은 장기전을 준비하고 있다. 중국 기관지 인민일보는 영문판 사설에서 "미국은 무역분쟁을 빠르게 마무리 지으려고 하지만 중국은 장기전에 준비돼 있다."고 밝혔다. 또 이 사설에서 "트럼프 대통령이 강요와 협박이 난무한 '자체 제작' 길거리 난투극 드라마에서 주연을 맡고 있다."고 비난했다.

전 세계가 글로벌 불확실성 시대에 접어들면서 경제 펀더멘털이 취약한 신흥국 통화에 비상이 걸렸다. 가장 심각한 곳은 터키다. 터키 중앙은행(CBRT)은 외환부문 지급준비율 상한을 40%로 기존보다 5%포인트가량 인하했다. 이를 통해 약 22억달러 규모 외화 유동성이 외환시장에 공급될 수 있을 것으로 CBRT는 기대했다. 이는 리라화 가치가 사상 최저치를 연이어 경신하는 와중에 나온 긴급 조치다. 하지만 CBRT의 조치에도 리라화는 전일보다 4.85% 떨어지면서 달러당 5.3307리라를 기록하며 최저치를 다시 한번 기록했다. 2018년 6월 25일 레제프 타이이프 에르도안 터키 대통령이 대선에서 승리한 이후 달러대비 리라화 가치는 11% 급락했다.

◆ 주제16 잠재성장률 2%대 추락

한국 경제의 기초체력이랄 수 있는 잠재성장률 전망치가 최근 2%대까지 떨어지면서 새로운 해법 모색이 절실해지고 있다.

저출산 고령화로 인해 경제활동의 기초인 생산가능인구가 줄어드는 것이 가장 큰 이유인데, 특단의 인구대책과 함께 생산성을 끌어올리는 다각적인 방법이 강구돼야 한다는 지적이 높다.

우리나라의 잠재성장률 전망치가 처음으로 2%대로 떨어졌다. 한국은행은 2016~2020년 우리나라 잠재성장률이 연평균 2.8~2.9%로 낮아진 것으로 추정된다고 밝혔다.

한국은행에 따르면 우리나라 잠재성장률은 2001~2005년 5.2% 수준이었으나 2006~2010년 3.7~3.9%, 2011~2015년 3.0~3.4%로 낮아졌다. 이번에 추가로 하향 조정되면서 처음으로 3%대가 붕괴된 것이다. 15년 사이에 거의 절반수준으로 떨어졌다.

잠재성장률은 노동과 자본 등 동원 가능한 생산요소를 투입해 물가 상승을 유발하지 않고 달성할 수 있는 최대 성장률을 뜻한다. 한국의 잠재성장률이 떨어졌다는 것은 향후 우리경제의 실제 성장률이 그만큼 낮아질 수 있음을 나타낸다.

잠재성장률은 노동과 자본, 생산성(기술 등)이라는 세 요소 변동의 합으로 산출한다. 이밖에 법과 제도, 기후 등 다양한 요인이 경제성장에 영향을 미친다.

우리나라 잠재성장률 하락은 급속히 진행되고 있는 저출산·고령화에 따른 노동력 감소의 원인이 크다. 통계청에서 발표하는 인구추계에 따르면 우리나라 생산가능인구는 2016년 3763만 명까지 지속적으로 증가했지만 2017년 3,762만 명으로 줄어들고 이후 감소 속도가 가속화될 것으로 나타났다.

최근 한국은행은 지금과 같은 인구고령화 추세가 이어진다면 2000~2015년 연평균 3.9%인 경제성장률이 2026~2035년에는 0.4%까지 떨어질 것이라는 분석을 내놓기도 했다.

자본축적(투자)도 둔화되고 있다. 국내 경제가 성숙기에 진입함에 따라 투자가 부진하고 반대로 저축은 쌓이고 있는 상황이다. 최근 우리나라 고정투자는 높은 증가율을 기록 중이지만 주택 등 부동산 부문을 제외하고 실질적인 자본투자에 가까운 설비투자 흐름은 부진한 모습을 보이고 있다.

생산성의 하락 역시 빠르게 진행되고 있다. 고부가가치 서비스 업종의 발전이 미흡하고, 높은 규제 걸림돌로 생산성 향상이 지연되고 있다고 한은은 지적했다.

즉 우리나라 잠재성장률 하락은 어느 한 부분의 문제가 아니다. 세 요소가 동시에 하락이 진행되고 있으며 잠재성장률을 끌어올리기 위해선 각 부분에서 개선이 이뤄져야 하는 셈이다.

업계에서는 2016~2020년 잠재성장률 전망치 2.8% 가운데 노동 기여도는 0.7%, 자본 기여도는 1.4%, 총요소생산성 기여도는 0.7% 수준으로 보고 있다.

한국투자증권 박정우 연구원은 "한국 경제의 중장기 잠재성장률이 2%대로 내려온 가장 중요한 이유는 잠재적으로 생산 가능인구가 줄어드는데 이것을 총요소 생산성과 자본투자가 상쇄하지 못하기 때문"이라고 설명했다.

전문가들은 노동력 감소에 대비하기 위해 다양한 고령화·저출산 대책이 필요하다고 입을 모은다.

국회 입법조사처 김민창 입법조사관은 "일각에서는 이미 우리나라의 잠재성장률이 2%대에 진입했고 2030년 부터는 1%대로 하락할 수 있다는 우려도 제기되고 있다."며 "세계 최하위권의 출산율과 인구 고령화 등으로 인해 향후 매우 빠른속도의 노동력 감소를 경험할 것"이라고 밝혔다.

그는 그러면서 "노동력 확보를 위해 출산율 제고 등 장기적인 정책 뿐 아니라 여성과 노인층 등 유휴인력의 경제활동참가를 높일 수 있는 정책의 지속적인 모색이 필요하다."고 말했다.

한국은행 박경훈 연구위원과 김진일 고려대 경제학과 교수는 '고령화에 대응한 인구대책' 보고서를 통해 "북유럽 국가들은 출산율을 높이는 데에만 초점을 둔 기존의 출산장려정책과 달리 양육에 대한 사회적 책임과 남녀가 평등한 문화, 근로정책을 중시하고 있다."고 지적했다.

이들은 또 단기적인 노동감소 대책으로 이민정책도 고려해 볼 필요가 있다는 조언도 내놨다. 박 위원은 "고령화에 따른 노동공급 부족을 해소하기 위한 또 하나의 인력정책으로 주요국에서는 전문직 고학력의 외국인 인재들을 적극 유치하고 있다."며 "다만 청년층의 실업 문제와 사회문화적 포용 문제를 고려해 추진해야 한다."고 말했다.

출산율 저하와 고령화로 10년 뒤에는 노동의 경제성장률 기여도가 마이너스로 떨어질 것이란 전망도 나온다.

조동철 한국은행 금통위원은 노동의 경제성장률 기여도는 점점 떨어져 2020년대 중반에 마이너스로 진입할 것으로 내다봤다. 2031~2035년에는 노동기여도가 -0.4%, 자본기여도가 0.6%를 기록할 것이라고 했다.

조 위원은 잠재성장률을 높이기 위한 방안으로 생산성을 강조했다. 그는 "2020년 중반이 되면 노동력에 의한 성장률은 마이너스로 갈 수 밖에 없다."며 "생산성을 높이기 위한 노력에 성공한다면 잠재성장률이 낮아지는 속도가 둔화될 수 있다."고 말했다.

생산성을 제고하기 위한 방안으로는 노동시장의 유연성, 부실기업 구조조정, 제조업 자원배분 효율성 등을 주장했다.

조 위원은 "인적자원을 적재적소에 배분하는 것이 생산성을 높이는데 중요하다."며 "적재적소를 향해 근로자가 이동할 수 있는 상태가 될 수 있도록 노동시장이 지금보다 훨씬 더 유연해져야 한다. 부진한 산업에서는 고용이 빠져나가는게 정상적인 모습이지만 현재 우리 노동시장에선 전혀 움직이지 않는다. 중간 정도의 유연성을 가지지 않으면 노동시장이 효율적으로 작용하기 어렵다."고 말했다.

조 위원은 또 "중소기업의 비효율적 과잉생산 보다 큰 사업장이 더 많이 생산하는게 더 효율적"이라며 "효율성과 형평성의 가치가 충돌하는 문제이긴 하지만 우리 경제를 생각할 때 무엇이 정의인지 깊게 생각해 볼 필요가 있다."고 말했다.

4차 산업혁명 육성 등을 통한 경쟁력 확보와 저축을 투자로 유인하는 방안 등도 대안으로 제시됐다.

KB증권 나중혁 연구원은 "4차 산업혁명 등 새로운 기술과 서비스업의 발전, 규제의 완화 등을 통해 가능하다."며 "자본의 생산성 향상을 위해서는 저축을 투자로 유인해 자본의 생산성을 높이는 방안도 고민해야 한다."고 말했다.

한국투자증권 박정우 연구원은 "독일과 일본의 사례를 살펴보면 대외경쟁력 확보, 즉 수출이 중요하다."며 "이를 위해 노동개혁 등을 통해 경쟁력을 갖춰야 한다. 고용시장의 구조개혁이 필요하다."고 말했다.

그는 또 "기업 투자가 활성화 될 수 있도록 각종 규제를 푸는 것도 중요하다."며 "규제 완화는 10년 넘게 강조돼 온 문제지만 실천이 되지 않았다."고 말했다.

소득주도 성장도 하나의 대안으로 주목받고 있다. 노동력 감소하는 가운데 수출주도 성장방식이 한계에 봉착할 수 있기 때문이다.

LG경제연구원 이근태 연구원은 "수출에만 의존하는 성장방식이 더 이상 작동하지 못하는 상황에서 내수를 성장동력으로 삼아야 할 필요성이 높으며 노동소득 증대는 소비를 진작시키는 역할을 하게 될 것"이라며 "더욱이 고령화 등 구조적 소비부진 요인이 우리 경제의 내수침체 악순환으로 이어지는 것을 막기 위해서도 노동소득 증대노력이 필요하다."고 말했다.

그는 다만 "소득주도 성장을 제약하는 몇 가지 요인이 있다."며 "한계기업과 자영업이 많아 임금상승이 고용축소로 이어질 수 있고 낮은 국가부채 비중으로 정부의 단기적인 재정확대 여력이 높지만 고령화로 인해 중기 재정건전성 악화 우려가 크다. 또한 가계부채와 고령화에 따른 구조적 소비위축 가능성 역시 소득주도 성장을 어렵게 한다."고 덧붙였다.

◆ 주제17 가계부채 1400조 돌파

국내 가계부채가 29조원이 증가하며 총 1,388조원까지 불어났다.

7,8월 증가분을 합치면 이미 1,400조원도 넘어선 상태다. 특히 2분기엔 은행 가계대출 증가액이 10배 이상 뛰며 가계부채 증가세를 주도했다. 좀처럼 줄지 않는 대출수요가 정부정책에 따라 은행과 비은행권을 오가며 빚 풍선만 키우는 모양새다.

한국은행의 '2분기 중 가계신용(잠정)'에 따르면 국내 금융권 대출과 판매신용(신용카드 사용액 등)을 합한 지난 6월 말 기준 가계신용(가계부채)은 1,388조 3,000억원을 기록, 3월 말(1,359조 1,000억원)보다 29조 2,000억원(2.1%) 증가했다. 2분기 가계부채 증가규모는 지난해 2분기(33조 9,000억원)보다는 축소됐지만 1분기(16조 6,000억원)보다는 크게 늘어난 것이다.

최근 금융위원회가 밝힌 7월 중 금융권 가계대출 증가액(9조 5,000억원)과 8월 들어 11일까지 은행 가계대출 증가액(2조 2,000억원) 등을 감안하면 국내 가계부채는 이미 1,400조원을 넘어섰다.

2분기 가계빚 증가는 1분기보다 10배 이상 대출 증가액(12조원)이 커진 은행권이 주도했다. 작년 5월부터 전국에 적용된 은행권 여신심사 가이드라인의 영향과 이사 등이 적은 계절적 요인으로 지난 1분기 은행권 가계대출 증가액은 1조 1,000억원(주택담보대출 약 6,000억원, 기타대출 약 4,000억원)에 그쳤다. 하지만 2분기 들어 부동산 광풍을 타고 주택거래량이 늘고 지난 수년간 분양 증가에 따른 입주수요까지 몰리면서 은행 주택담보대출은 1분기의 10배가 넘는 6조 3,000억원이나 급증했다. 신용대출이 대부분을 차지하는 은행 기타대출도 전반적인 소비증가에 더해 주택관련 비용 충당 등의 요인으로 5조 7,000억원 늘어나며 역시 1분기보다 10배 이상 더 증가했다. 2분기 은행권 기타대출 증가액은 2006년 관련통계집계 이래 분기기준 역대 최고 규모다.

반면 금융당국이 상호금융 여신심사 가이드라인(3월 13일 발표) 등으로 2금융권에 몰리는 '대출 풍선효과' 제지에 나서면서 2분기 비은행권 가계대출은 1분기(7조 4,000억원)보다 적은 6조 3,000억원 증가에 그쳤다. 상호금융(1분기 3조원→2분기 2조 5,000억원) 저축은행(1조 1,000억원→4,000억원) 신용협동조합(8,000억원→6,000억원) 모두 1분기보다 증가액이 줄었다. 한은 관계자는 "2분기 주택관련 대출수요가 늘어난 점도 있지만, 당국의 규제 변화도 은행과 비은행 기관 사이 대출액 변동에 영향을 끼친 것으로 보인다."고 분석했다.

이 밖에 보험사의 약관대출, 주택금융공사의 모기지론 취급액 등이 늘어난 영향으로 2분기 기타금융기관의 가계대출 증가액(9조원)도 1분기(7조 9,000억원)보다 커졌다. 신용카드 사용액 등을 포함하는 2분기 판매신용 증가액은 1조 9,000억원을 기록, 1분기(3,000억원)보다 증가폭이 크게 높아졌다.

문소상 한은 금융통계팀장은 "최근 각종 부동산 및 부채대책발표가 잇따르고 있지만 예정된 대출과 기본 대출수요 등이 있어 이후 가계빚 증가 추세는 쉽게 예단하기 어렵다."고 말했다.

◆ 주제18 반도체 수입액 큰 중국 "177조 쏟아부어 7년 뒤 70% 자급"

중국 정부는 2025년까지 반도체 자급률을 70%까지 끌어올리겠다는 목표다. 어떤 반도체 장비・재료를 국산화하겠다는 구체적인 로드맵도 세웠다. 월스트리트저널(WSJ), 홍콩 사우스차이나모닝포스트 등에 따르면 중국 정부는 '세계 스마트폰의 90%, PC의 65%, 스마트TV의 67%를 생산하는 중국이 이들 제품생산에 필수인 반도체를 마냥 수입해 쓸 수는 없다'는 문제의식을 갖고 있다. 중국의 반도체 자급률은 2016년 13.5% 수준에 불과하다. 중국이 반도체에 공을 들이는 이유다.

중국 정부의 전략은 막대한 자금을 반도체 연구개발(R&D)에 쏟아부어 단박에 따라잡겠다는 것이다. 중국 정부는 2025년까지 1조 위안(176조 8,000억원)을 반도체에 투자하겠다는 계획을 세웠다. 이 일환으로 최근 470억 달러(약 52조원)짜리 반도체 투자펀드를 조성하기로 했다. 2014년 218억 달러짜리 빅펀드에 이은 또 다른 국가주도 반도체 펀드다. 이번 펀드 역시 중국기업들의 R&D, 인재영입, 인수합병(M&A) 자금 등으로 쓰일 것으로 예상된다.

중국의 공룡 기업들도 정부의 정책에 보폭을 맞추고 있다.
알리바바그룹은 2018년 4월 중국 항저우(杭州)에 위치한 반도체 제조사 C-스카이를 인수했다. 알리바바는 이미 연구소를 설립하고 반도체 개발에 나선 상태다.
마윈 회장은 일본 와세다대 강연에서 "전 세계 반도체 시장을 지배하는 미국이 반도체 판매를 멈춘다면 어떤일이 벌어질지 뻔하다."며 "반도체 핵심기술을 개발해야 한다."고 주장했다.

시진핑 국가주석은 반도체 업체를 시찰하면서 "심장과 같이 중요한 반도체 영역에서 우리는 세계적인 수준에 도달해야 한다."며 반도체 국산화를 역설하기도 했다.

이런 중국의 '반도체 굴기'에 직격탄을 맞는 국가는 한국이다. 2017년 사상 최고를 경신한 한국 반도체 수출액(997억1200만 달러) 가운데 중국에서 벌어들인 비중이 39.5%에 달한다.

'시스템 반도체'에서는 이미 중국의 기술이 한국을 앞질렀다는 평가가 나온다. 시스템 반도체의 설계를 담당하는 '팹리스' 업체는 중국이 1300여 곳으로, 한국의 10배 수준이다. 박재근 한양대 융합전자공학부 교수는 "한국 기업이 세계 1, 3위를 차지하고 있는 메모리 반도체도 중국이 대대적인 R&D 투자와 전방위적인 고급 인력확보에 나서면서 기술 격차가 점차 줄고있는 상황"이라고 말했다.

◆ 주제19 미국 금리인상

미국의 중앙은행인 연방준비제도(Fed)는 물가안정과 완전고용이라는 이중 책무를 갖고 있다. 미국 경제가 순항하면서 Fed는 이미 완전고용이라는 한 가지 책무를 완수했다. 완전고용은 물가에 영향을 미치지 않는 자연 실업률을 뜻한다. Fed가 추정한 자연 실업률은 4.5%다. 2018년 5월 미국의 실업률은 3.8%다. 2000년 4월 이후 가장 낮다. 완전 고용 수준을 밑돈다.

문제는 물가였다. 2018년 6월까지 107월째 미국경기는 확장세를 이어갔지만, 물가는 요지부동으로 오를 줄 몰랐다. 경기 과열 우려속에 금리인상 속도와 시기를 저울질하는 Fed의 골칫거리가 물가였다.

이제 그 마지막 퍼즐이 맞춰졌다. 물가가 미 Fed의 목표치(2%)에 도달했다. 2018년 6월 29일 미 상무부에 따르면 5월 근원 개인소비지출(PCE) 물가는 2017년 같은 기간보다 2.0% 올랐다. 2012년 3월(2.1%) 이후 6년 2개월 만의 최대 상승률이다. 근원 PCE 물가는 변동성이 큰 식료품과 에너지 가격을 제외한 수치로 Fed가 선호하는 물가지표다.

물가를 밀어 올린건 국제 유가상승이다. 세계경제 회복으로 국제유가는 2016년부터 꾸준히 오르기 시작했다. 2018년 1~5월 서부텍사스유(WTI) 기준 국제유가는 11% 상승했다. 한국은행은 2018년 7월 1일 발간한 '해외경제포커스'에서 "경제 전반의 유휴생산자원이 축소되고 유가도 오르면서 임금 및 물류와 원자재 등 여타 생산요소 가격의 상승압력이 커졌다."고 지적했다.

'물가'라는 마지막 퍼즐까지 맞춰졌지만 Fed가 금리인상의 속도를 더 높일 수 있을지에 대해서는 신중론이 우세하다. 2018년 3월과 6월 두 차례 금리를 올렸던 Fed는 2018년 6월 연방공개시장위원회(FOMC)에서 연내 두 차례의 추가 금리인상을 시사했다. 한국은행에 따르면 16개 투자은행(IB) 중 13개도 2018년 추가 금리인상이 2회에 그칠 것으로 내다봤다.

제롬 파월 Fed 의장이 2018년 금리인상 횟수를 5회 이상으로 늘리려면 경기과열 우려가 더 커져야 한다. 물가가 급격하게 올라야 한다는 의미다. 미국 경기가 호황을 이어가고 노동력 수급이 타이트해지면 임금상승 압력은 높아질 수 있다. 미국과 중국간 무역 전쟁도 물가상승 요인으로 작용할 수 있다. 수입품에 관세가 부과되면 기업은 물건값을 올려 비 부담을 소비자에게 전가할 수 있다. 모두 물가를 밀어올릴 요인들이다.

마이클 페로리JP모간 체이스 이코노미스트는 월스트리트저널(WSJ)과의 인터뷰에서 "물가가 2% 목표치를 찍었다고 승리의 고지를 밟은 것은 아니다."며 "중요한 것은 지속가능 여부"라고 말했다.

Fed가 물가의 오버슈팅(단기 급등)을 용인할 수 있다는 시각도 있다. 물가가 목표치를 벗어나도 금리 인상 속도가 빨라지지 않는다는 의미다. WSJ이 2018년 6월 경제학자 54명을 대상으로 한 설문조사에 따르면 "Fed가 연간 최대 2.5%까지 근원 PCE 물가 상승률을 인내할 것"이라는 게 중론이었다.

또 다른 변수도 등장했다. 래리 커들로 미 백악관 국제경제위원회(NEC) 위원장이 2018년 6월 29일(현지시각) 폭스뉴스와의 인터뷰에서 "Fed가 금리인상과 관련해 매우 천천히 움직였으면 한다."고 밝혔다.

◆ 주제20 무역전쟁 확전 땐, 한국의 성장률 하락

미・중 무역전쟁이 시작되면서 이런 '새우 등 터지는' 일이 산업 전 분야로 확산할지 모른다는 우려가 나오고 있다. 수출 주도형인 우리나라는 '빅2' 국가에 대한 경제 의존도가 매우 높기 때문이다.

중국은 한국 수출에서 차지하는 비중(24.8%・홍콩 포함 시 31.6%)이 가장 높은 국가다. 미국은 중국 다음으로 한국 수출에서 차지하는 비중(12%・2위)이 높다. 한국 국내총생산(GDP) 대비 양국 무역의존도는 68.8%에 달한다.

이번 무역제재는 양국이 서로의 수입제품에 관세를 매기는 일이어서 한국이 소비재 형태로 미・중에 수출하는 제품은 큰 영향을 받지 않는다. 문제는 중간재다. '메이드 인 차이나(Made in China)'의 완성품 속에 들어가는 부품에 한국산이 많다. 예컨대 중국이 미국에 수출하는 TV가 고율 관세로 타격을 입어 판매가 줄면 여기에 들어가는 한국산 디스플레이나 전자부품은 직접 타격을 받는다. 2017년 한국의 대중수출에서 중간재가 차지하는 비중은 78.9%(1121억 달러, 약 125조 2200억원)나 됐다.

수출 비중이 높은 전자・반도체 기업의 경우 확전을 우려하고 있다. 무역전쟁 장기화로 세계 소비시장이 위축되면 전자・반도체 분야가 큰 타격을 입을 수도 있다는 것이다. 국내에서 생산되는 반도체의 40%가량은 중국으로 수출된다. 이들 물량은 대부분 중국 내에서 소비되고, 조립・가공돼 세트 형태로 미국에 수출되는 물량은 미미하다. 당장 타격은 크지 않다는 얘기다.

가전제품 생산도 2010년대 이후 '탈중국' 행렬이 뚜렷하다. 삼성전자는 TV는 멕시코, 세탁기는 미국에서 주로 생산한다. LG전자 역시 TV 등을 멕시코에서 생산한다. 일부 냉장고와 가정용 에어컨만 중국에서 생산해 미국에 수출하고 있는데, 현재는 관세부과 대상품목이 아니다.

하지만 두 나라의 무역전쟁이 장기화한다면 얘기가 달라진다. 가령 중국이 반도체 가격 담합 등을 꼬투리 삼아 국내 기업에 거액의 과징금을 물릴 수 있다. 업계 관계자는 "중국은 2025년까지 반도체 자급률 70%를 달성하겠다고 '반도체 굴기'를 선언한 상태여서 언제든 반도체 강국인 우리나라를 상대로 초강수를 들고 나올 수 있다."고 우려했다.

이 관계자는 또 "가전의 경우엔 미국이나 북미자유무역협정(NAFTA) 가입국으로 생산기지를 옮기거나 (가격 저항이 덜한) 프리미엄 라인을 대폭 강화하는 것이 대책인데, 이 역시 시간과 비용이 들어가야 한다."고 말했다.

철강 업체들의 걱정도 커지고 있다. 현재는 미국에서 할당받은 수출물량을 산업통상자원부와 한국철강협회가 포스코 등 국내 업체들에 배분하는 방식으로 수출을 진행하고 있다. 쿼터를 넘는 물량은 미국으로의 수출이 아예 불가능하다. 그러나 A사의 경우처럼 미국이 개별 업체에 대해 언제든 PMS 조항 등을 앞세워 관세를 물릴 가능성이 있다.

철강업계 관계자는 "보호무역주의가 장기화할 경우엔 쿼터 자체를 줄이자고 나올 수 있다는 점도 우려스러운 대목"이라고 말했다.

미국이 수입 자동차와 부품에 25%의 관세를 때리겠다는 '관세 폭탄'을 실행에 옮길 경우 한국 기업의 피해는 상상을 초월한다. 한국자동차산업협동조합에 따르면 미국 정부가 수입차에 25% 관세를 부과할 경우 향후 5년 동안 662억 달러(약 73조 7,000억원)에 달하는 수출 손실이 발생한다. 이로 인한 간접 피해액까지 고려하면 손실액은 189조원에 달한다. 26개 현대기아차 1차 부품사와 835개 딜러사는 2018년 7월 8일 "한국산 차량에 고관세를 물린다면 미국 일자리가 위협받는다."는 의견서를 미국 상무부에 전달했다.

국내 기업들은 이번 무역전쟁을 계기로 세계각국이 동시다발적으로 관세를 올리는 상황도 우려한다. 관세 장벽이 높아지면 수출품의 현지 가격경쟁력이 하락한다. 그 경우 국제교역은 줄어들고, 현지 진출한 공장에서 생산하는 제품을 소비하는 방식으로 무역 구조가 바뀐다. 수출 의존도가 70%에 육박하는 한국은 상대적으로 더 큰 타격을 입을 수밖에 없다. 싱가포르 DBS은행은 미・중 무역전쟁으로 가장 큰 위험에 노출되는 국가로 말레이시아・대만・싱가포르와 함께 한국을 꼽으면서 "올해 한국의 경제성장률은 기존 2.9%에서 2.5%로 하락할 것"이라고 전망했다.

대외경제정책연구원은 이번 1단계 무역전쟁으로 한국의 수출이 2억 3,700만 달러(약 2,647억원)가량 줄어들 것으로 예상했다. 미국이 중국에 관세를 부과하면 이와 관련이 있는 대중수출이 1억 9,000만 달러(약 2,122억원) 줄고, 이에 맞서 중국이 미국에 보복관세를 매기면 대미수출도 4,700만 달러(약 525억원) 감소한다는 것이다.

미국이 2단계 조치시행에 나설 경우엔 피해규모가 더 커진다. 총 수출이 3억 3,400만 달러(약 3,731억원) 감소하면서 국내생산 규모가 8억 500만 달러(약 8,992억원)까지 줄어들 수 있다고 대외경제정책연구원은 분석했다.

전문가들은 산업계에 다양한 대응책을 주문하고 있다. 먼저 미・중 무역전쟁이 만들어낼 새로운 사업기회에 주목하라는 목소리가 나온다. 미국과 갈등이 심해지면 중국은 자국 시장을 개방하는 전략을 취할 수밖에 없어서다. 조철 산업연구원 선임연구위원은 "중국이 빗장을 푸는 영역에서 한국 기업들이 새로운 비즈니스 기회를 만들면 기존 무역 규모가 축소되는 부분을 상당히 상쇄할 수 있을 것"이라고 말했다. 실제 중국 정부는 2018년 7월 1일자로 식품 등 소비재(15.7%→6.9%), 자동차(25%→15%), 차량 부품(8~25%→6%)의 관세를 일괄적으로 인하했다. 미국 수출 감소로 인한 내수시장 위축을 우려한 조치다.

미국 시장에서도 사업기회가 늘어날 수 있다. 현대경제연구원 주원 경제연구실장은 "가격 경쟁력을 상실한 중국제품을 대체할 만한 상품을 내놓으면 중국에 빼앗겼던 미국시장 점유율을 되찾을 수 있다."고 조언했다.

무역전쟁 장기화에 대비해 한국기업의 글로벌 가치사슬을 재편해야 한다는 지적도 있다. 조철 선임연구위원은 "중간재보다 소비재 수요를 기반으로 고부가가치 제품 생산을 확대하고, 인도·동남아 등 성장하는 국가를 중심으로 수출 다변화 전략을 추진해야 한다."고 말했다.